# Flug ins Mittelalter

# Lecture aérienne de la Suisse médiévale

*In Memory of a young pilot,*
*Act. Group Captain Henry C. Morgan, RCAF*
*my brother*


Du même auteur – Vom gleichen Autor:

*Eglises romanes et châteaux forts, Suisse romande.* Les éditions de Bonvent, Genève 1972.

*Eglises romanes et châteaux forts, Suisse alémanique.* Les éditions de Bonvent, Genève 1974.

*Eglises romanes et châteaux forts, Suisse rhétique et italienne.* A paraître en 1977.
(Diffusion Payot Lausanne)

Stuart Morgan

# Flug ins Mittelalter

Burgen, Kirchen,
Städte als Zeugen mittelalterlicher Kultur
in der Schweiz

Mit einem Vorwort von Alfred A. Schmid

## Lecture aérienne de la Suisse médiévale

Bourgs, églises et châteaux forts

Avec une préface de Alfred A. Schmid

Hallwag Verlag Bern und Stuttgart Editions Payot Lausanne

# Remerciements

Cette modeste contribution à la défense et illustration de la Suisse médiévale n'aurait pas vu le jour sans l'exemple stimulant de deux autorités en la matière. Au défenseur éclairé du patrimoine artistique qu'est M. le professeur Alfred-A. Schmid, président de la Commission fédérale des Monuments historiques, nous exprimons notre vive reconnaissance pour l'encouragement que nous avons reçu dans la réalisation de notre projet. A M. Paul Hofer, professeur à l'Ecole polytechnique fédérale de Zurich, pionnier du recours à la photographie aérienne pour l'étude de l'urbanisme médiéval, nous disons en outre l'admiration d'un néophyte face à l'œuvre déjà accomplie dans un livre comme *Villes suisses à vol d'oiseau.*

A ces pages s'associe aussi une amitié de longue date avec un homme de lettres d'origine hongroise: à M. Antal Lökkös, conservateur à la Bibliothèque publique et universitaire de Genève, nous adressons nos chaleureux remerciements pour ses nombreux conseils dispensés avec une patience inlassable. Notre gratitude va également à Mlle Denise Fromaigeat et à M. Georges Boghossian, des Editions Payot, qui nous ont fait bénéficier de toute leur compétence dans la mise en forme de l'ouvrage.

A une exception près, nos photos ont été prises au cours d'une trentaine de vols en hélicoptère et en avion de tourisme. L'exception, nous la devons à l'amabilité de M. Charles Bonnet, archéologue cantonal adjoint de Genève: il a mis à notre disposition une remarquable vue des fouilles de Saint-Jean de Genève, prise du haut d'une grue, à trente mètres du sol!

Nous ne saurions terminer sans citer les noms des pilotes qui nous ont permis de franchir le plus évident des obstacles! Nos remerciements vont à M. André Juillard, pilote de l'hélicoptère à bord duquel nous avons fait notre première tournée au-dessus de la Suisse, ainsi qu'aux pilotes suivants, groupés selon leurs aéroports d'attache: MM. Snider (Ascona), Kurrus (Bâle-Mulhouse), Jordi, Kunz, Nussbaumer, Speich et Szelesténvi (Berne-Belp), Putscher (Coire-Bad Ragaz), Cougn, Fournier, Frey, Lambert, Rickenbach et Wamister (Genève-Cointrin), Erz (Lommis), Rusca (Lugano-Agno), Wissel (Samedan) et Héritier (Sion).

Bellevue-Genève, 1976

# Ein Wort des Dankes

Dieses Buch, das ein bescheidener Beitrag zum Verständnis und zur Erhaltung der unersetzlichen Zeugen mittelalterlicher Kultur und Baukunst in der Schweiz sein möchte, hätte nicht entstehen können ohne das ermutigende Vorbild zweier bedeutender Autoritäten: des unermüdlichen Vorkämpfers für die Wahrung des kulturellen Erbes der Schweiz, Professor Dr. Alfred A. Schmid, Präsident der Eidgenössischen Kommission für Denkmalpflege, und des Pioniers auf dem Gebiet der wissenschaftlichen Nutzung der Luftphotographie und Spezialisten für mittelalterlichen Städtebau, Dr. Paul Hofer, Professor an der ETH in Zürich.

Mein Dank gilt auch meinem gelehrten, langjährigen Freund Antal Lökkös, Bibliothekar der Bibliothèque publique et universitaire von Genf, der mich während meiner Arbeit immer wieder mit seinem wertvollen Rat unterstützt hat.

Danken möchte ich auch Fräulein Denise Fromaigeat und Herrn Georges Boghossian vom Verlag Payot, die an der Gestaltung dieses Buches wesentlichen Anteil haben.

Mit einer Ausnahme wurden alle Photos vom Helikopter oder von Sportflugzeugen aus von mir selbst aufgenommen. Diese einzige Ausnahme, ein bemerkenswertes, von einem dreissig Meter hohen Kran aus aufgenommenes Bild der Ausgrabungen von Saint-Jean in Genf, verdanke ich Herrn Charles Bonnet, Adjunkt des Kantonsarchäologen in Genf.

Ich möchte nicht schließen, ohne die Namen der Piloten genannt zu haben, die mir halfen, das schwierigste Hindernis bei meinem Vorhaben zu überwinden: die Schwerkraft der Erde. Mein Dank gilt Herrn André Juillard, mit dem ich meinen ersten Helikopterflug in diesem Land unternahm, sowie den Herren Snider (Ascona), Kurrus (Basel-Mülhausen), Jordi, Kunz, Nussbaumer, Speich und Szelesténvi (Bern-Belp), Putscher (Chur-Bad Ragaz), Cougn, Fournier, Frey, Lambert, Rickenbach und Wamister (Genf-Cointrin), Erz (Lommis), Rusca (Lugano-Agno), Wissel (Samedan) und Héritier (Sitten).

Bellevue-Genf, 1976



Conception et réalisation/Konzeption und Realisation: Editions Payot Lausanne



ISBN 2-601-00283-2 Payot – ISBN 3-444-10206-2 Hallwag

# Préface

Depuis la fin de la seconde guerre mondiale, la voie des airs s'est popularisée; ce qui était naguère l'apanage de quelques-uns – découvrir la terre à vol d'oiseau – est aujourd'hui une expérience à la portée du plus grand nombre. Journaux et livres illustrés, cinéma, télévision, nous ont fait connaître le visage aérien de la Suisse, ses beautés naturelles et ses paysages humanisés. Mais alors que les aspects de notre pays vu du ciel nous sont maintenant connus, les avions de ligne volent toujours plus vite et toujours plus haut, si bien que le passager ne parvient plus à identifier un paysage qui lui est familier. Et de même qu'on n'apprend pas à connaître la Suisse en sillonnant le réseau de ses routes nationales, on ne peut, confortablement installé dans un moderne avion de ligne, la découvrir, saisir ses traits.

Un très grand intérêt reste cependant attaché à cette nouvelle dimension du paysage. En effet, seule une vue plongeante ou à la verticale fait apparaître certaines constantes de la topographie de notre pays et révèle à quel point les montagnes, les rivières et les lacs ont déterminé les frontières régionales et les premières voies de communication, tandis que les collines rocheuses, défilés, fossés, gorges et méandres des rivières offraient des sites protecteurs. On saisit alors d'un coup d'œil les assises concrètes de l'histoire, les conditions qui ont fait que de tant de «cellules» si diverses ait pu naître un Etat qui, s'agrandissant peu à peu, est devenu la Suisse d'aujourd'hui.

A l'origine de ce livre il y a l'intérêt que Stuart Morgan porte au passé de notre pays, en particulier à la Suisse carolingienne et du Haut Moyen Age. Ce furent d'abord les monuments en eux-mêmes, châteaux forts, églises et monastères, qui retinrent son attention. Il apporta à l'étude de ces témoins des siècles écoulés une ténacité et une perspicacité également étonnantes, et il sut les regarder d'un œil aigu et neuf. Plusieurs années de travail, tant dans les bibliothèques que sur le terrain, lui permirent de réunir une foule d'informations et de documents iconographiques, les unes consignées dans de volumineux fichiers, les autres constituant une impressionnante collection de photographies. Ce Canadien d'origine est ainsi devenu un remarquable connaisseur des sites et monu-

# Vorwort

Seit dem Ende des Zweiten Weltkriegs ist das Fliegen populär und das einst exklusive, einer kleinen Minderheit vorbehaltene Erlebnis der Erde aus der Vogelschau weiteren Kreisen möglich geworden. Das Flugbild der Schweiz, ihrer Naturschönheiten und ihrer vom Menschen gestalteten Landschaft drang durch Veröffentlichungen verschiedenster Art, über Reportagen, Schaubuch, Film und Fernsehen, ins Bewußtsein der Allgemeinheit. Heute ist uns der Anblick unseres Landes aus der Höhe bereits geläufig. Doch die Linienflugzeuge ziehen immer schneller dahin, sie gewinnen immer größere Distanz zum Boden, und damit schwindet für den Fluggast zusehends die Erkennbarkeit der ihm vertrauten Landschaft. Das Flugerlebnis hat so seinen romantischen Aspekt größtenteils verloren, und sowenig man die Schweiz vom dichter werdenden Netz der Nationalstraßen aus kennenlernen könnte, sowenig vermag man sie vom bequemen Sitz eines modernen Verkehrsflugzeugs aus zu erleben.

Das Interesse an der neuerschlossenen Dimension der Landschaft ist aber unverändert groß. Erst Auf- und Übersicht verraten gewisse Konstanten in der topographischen Beschaffenheit unseres Landes, die grenzbezeichnende Bedeutung der Bergrücken, Seen und Flüsse, die Funktion uralter, von der Natur vorgezeichneter Verkehrswege, die durch Felsriffe, Engpässe, Gräben, Schluchten und Flußschleifen gebotenen Schutzmöglichkeiten. Hier wird mit einemmal Geschichte sinnlich erfaßbar, werden Voraussetzungen deutlich, ohne welche das Entstehen unseres Staatswesens aus verschiedenartigsten Keimzellen und sein allmähliches Zusammenwachsen zur heutigen Schweiz nicht möglich gewesen wären.

Anlaß zum Buch von Stuart Morgan war das Interesse des Verfassers für die Vergangenheit unseres Landes, insbesondere für das schweizerische Früh- und Hochmittelalter. Burg, Kirche und Kloster standen zunächst als Einzeldenkmäler im Zentrum seiner Aufmerksamkeit. Mit wachen, unverbrauchten Augen erlebte er sie, mit einer erstaunlichen Zielstrebigkeit spürte er den Zeugen der zurückliegenden Jahrhunderte nach. Jahrelange systema-

ments d'art de la Suisse médiévale. Puis Morgan étendit ses recherches du monument isolé à la localité, intéressé, au premier chef, par les fondations de villes, qui caractérisent le Haut Moyen Age, et par leur conditionnement géographique. Bourgs dans l'ombre d'un château seigneurial ou se serrant autour d'un clocher, bourgades sur des hauteurs sûres, villes protégées par la boucle d'une rivière ou sises au passage d'un gué ou au carrefour des voies commerciales – et la question s'est aussitôt d'elle-même posée: quelles sont les causes qui ont valu à telle de ces villes une croissance rapide et de jouer un rôle politique important, et celles qui ont entraîné la stagnation, le déclin et la disparition de telle autre de ces fondations nouvelles? Ces causes, Stuart Morgan les a cherchées au-delà du jeu des forces politiques, dans la situation topographique considérée en fonction de l'époque. Et cela l'a conduit à scruter la Suisse en hélicoptère!

Une vue des choses dont il ne se doutait pas s'offrit alors à lui. Les connaissances qu'il avait acquises en étudiant les sources imprimées et les publications archéologiques lui apparurent dans un éclairage nouveau et, en bien des cas, surprenant. Nombre de données se trouvaient confirmées ou précisées, d'autres mises en question. Il se trouvait, dans l'ensemble, tant de vues nouvelles et de perspectives intéressantes, que Morgan se résolut à présenter au public sa «lecture aérienne» de la Suisse médiévale. Il en est résulté un livre qui fera participer l'amateur d'images et le lecteur à cet insolite voyage de découverte. Il ne contient qu'un choix restreint de l'abondant butin photo-topographique que Morgan a rapporté de ses survols de la Suisse. C'est tout à loisir qu'il s'est promené au-dessus de ses objectifs et qu'il les a saisis, d'un œil exercé, dans le viseur de sa caméra. Grâce à lui, le lecteur accédera à une compréhension nouvelle, originale et toujours enrichissante, des monuments, localités et paysages historiques qu'il croyait connaître; conduit par Morgan, il apprendra à voir d'un regard neuf ce qui lui était familier et il découvrira bien des choses qu'il ignorait. L'histoire à vol d'oiseau – ces termes me paraissent également justifiés par le caractère concis du présent choix. Ce livre constitue une tentative qu'il faut saluer pour présenter à chaque Suisse de façon neuve et directement parlante l'héritage architectural de sa patrie.

Alfred A. Schmid

tische Arbeit, im Feld wie auf Bibliotheken, fand in umfangreichen Zettelkästen und einer eindrucksvollen Fotosammlung ihren Niederschlag und machte den gebürtigen Kanadier zu einem vortrefflichen Kenner der Schweizer Kunstlandschaft des Mittelalters. Doch nun verlagerte sich Morgans Interesse vom Einzeldenkmal auf die Siedlung, vor allem auf die hochmittelalterlichen Städtegründungen und ihre topographischen Voraussetzungen. Siedlungen im Schatten einer Dynastenburg, geschart um einen Kirchturm, Siedlungen in gesicherter Höhenlage, im Schutz einer Flußwindung, an einer Furt oder einer Kreuzung von Verkehrsadern – die Frage nach der Ursache, die zu raschem Wachstum und zu politischer Machtentfaltung der einen, zum Zurückbleiben, zum Verkümmern und zum schließlichen Untergang der andern Neugründung führte, stellte sich gleichsam von selbst. Morgan suchte sie, jenseits des politischen Kräftespiels, von der jeweiligen besonderen topographischen Situation her zu beantworten, und das brachte ihn dazu, die Schweiz im Helikopter zu erkunden.

Eine ungeahnte Sicht eröffnete sich ihm. Das aus den schriftlichen Quellen geschöpfte, durch archäologische Forschung ergänzte Wissen erschien in neuem, oft überraschendem Licht; manches wurde bestätigt und verdeutlicht, anderes in Frage gestellt. Gesamthaft aber ergaben sich so viele neue und aufschlußreiche Einblicke, daß sich Morgan entschloß, seine mittelalterliche Schweiz aus der Vogelschau der Öffentlichkeit zugänglich zu machen. Als Ergebnis liegt nun ein Band vor, der den Betrachter und Leser an dieser ungewöhnlichen Entdekkungsreise teilnehmen läßt. Er enthält nicht mehr als eine Auswahl der umfangreichen topographischen Ausbeute, die Morgan von seinen Flügen nach Hause brachte. Mit der Gemächlichkeit eines Wanderers hatte er seine Objekte überflogen und umkreist, mit geschultem Scharfblick sie im Sucher seiner Kamera erfaßt. Der Leser findet durch ihn einen neuen, originellen und stets lohnenden Zugang zu Denkmälern, Siedlungen und Denkmallandschaften, die er längst zu kennen meinte. Er wird, von Morgan geführt, Vertrautes neu sehen lernen und dazu Neues und Unbekanntes entdecken. Geschichte im Überblick – die Bezeichnung scheint mir auch im Hinblick auf die vorliegende begrenzte Auswahl berechtigt. Sie stellt einen begrüßenswerten Versuch dar, dem Schweizer das bauliche Erbe seiner Heimat auf neue, unmittelbar ansprechende Weise näherzubringen.

Alfred A. Schmid

# La découverte aérienne du moyen âge en Suisse

Ce livre propose un voyage de découverte d'un genre inhabituel. Un voyage en hélicoptère pour prendre de la hauteur; un voyage pour remonter le temps. Nos habitudes de vision seront bouleversées en cours de route, et c'est bien qu'il en soit ainsi. Car il suffira de changer de perspective, de porter un regard neuf sur des choses vieillies par les siècles pour que celles-ci nous apparaissent, comme en relief sous un éclairage rasant, plus jeunes et plus actuelles que jamais.

L'auteur en a fait l'expérience la première fois, voici quelques années, lorsqu'il suivait les traces, à bord d'un petit avion de tourisme, de la vieille route romaine conduisant de Nyon aux cols du Jura. A la hauteur d'Aubonne (p. 15), localité vaudoise qu'il avait vingt fois parcourue en tous sens, ce fut une révélation! Médiéviste, il lui fut donné dans cet instant de vérité de découvrir un moyen âge qu'il croyait à jamais disparu. Aubonne par-dessus ses toits: ce furent le bourg, l'église et le château restitués aux temps présents, restitués et revécus.

Précieuse alliée de l'archéologie classique, la prospection aérienne s'est depuis longtemps révélée fructueuse, notamment dans le repérage des sites préhistoriques et gréco-romains arasés au point d'être absolument invisibles au niveau du sol. Son champ d'action s'étend aujourd'hui à tout le moyen âge. Dans un pays comme la Suisse, les difficultés de pilotage et de photographie rendent cette technique impraticable pour certains sites. Mais ce livre ne prétend pas être exhaustif. A côté des écueils – inévitables – mesurons avant tout ici les mérites de la méthode.

Supposons un instant que nous décollons de la place du Marché d'un bourg, de la taille de Nyon ou de Zofingue (p. 27) par exemple, afin d'établir une séquence de vues prises de différentes altitudes. Nous aurons vite fait de constater que notre déplacement vertical n'a pas de commune mesure avec le monde bidimensionnel dans lequel la gravitation habituellement nous confine. Se déplacer sur quelques centaines de mètres, le long d'une rue, ne change en rien nos perspectives quotidiennes; le faire en ligne verticale, c'est le dépaysement total!

Pour le photographe aérien, chaque altitude a sa vérité... et ses déformations. Dans le cas de notre bourg, une élé-

# Entdeckungsflug in die mittelalterliche Schweiz

Dieses Buch lädt zu einer Entdeckungsreise ganz besonderer Art ein – zu einem Helikopterflug, der uns in die Höhe des Raums und gleichzeitig in die Tiefe der Zeit führt. Denn es erweist sich, daß man nur die Perspektive zu ändern braucht, um jahrhundertealte vertraute Dinge plötzlich gegenwärtiger und lebendiger denn je erstehen zu lassen.

Diese Erfahrung machte der Verfasser zum erstenmal vor einigen Jahren, als er an Bord eines kleinen Flugzeugs den Spuren der alten Römerstraße von Nyon zu den Jurapässen folgte. Der Tiefflug über die Dächer von Aubonne (S. 15), einem Waadtländer Städtchen, das er als Kenner und Liebhaber des Mittelalters unzählige Male zu Fuß durchstreift hatte, wurde ihm hier zur Offenbarung. In diesem Augenblick der Wahrheit entdeckte er eine Schöpfung des Mittelalters wieder, die er unwiederbringlich verloren geglaubt hatte: die geschlossene Einheit von Siedlung, Kirche und Burg, durch die Höhenperspektive neu zusammengefügt und neu erlebt.

In der klassischen Archäologie leistet das Flugbild schon seit langem wertvolle Dienste, insbesondere bei der Ortung prähistorischer und griechisch-römischer Stätten, die vom Boden aus überhaupt nicht mehr sichtbar sind. Heute wird diese Methode auch in der mittelalterlichen Archäologie benutzt. In einem Land wie der Schweiz läßt sie sich allerdings aufgrund topographischer Besonderheiten nicht überall anwenden, doch der vorliegende Band erhebt ja auch keinerlei Anspruch auf Vollständigkeit. Neben den – unvermeidlichen – Nachteilen seien hier vor allem die Vorteile der Flugbildtechnik hervorgehoben.

Nehmen wir einmal an, wir stiegen im Helikopter vom Marktplatz eines Städtchens wie Nyon oder Zofingen (S. 27) auf, um eine Reihe von Aufnahmen aus verschiedener Höhe zu machen. Wir würden sogleich feststellen, daß diese vertikale Fortbewegung grundlegend andere Eindrücke erzeugt als jene im zweidimensionalen Raum, auf den uns die Schwerkraft im allgemeinen beschränkt. Wenn wir eine Straße einige hundert Meter entlanggehen, so ändert sich an unserer gewohnten Perspektive kaum etwas. In der Senkrechten jedoch bedeutet dieselbe

vation de cent mètres se révélera insuffisante, du moins lorsque le sujet est pris sous un angle oblique. Le premier plan, juxtaposition de devantures, de cheminées et d'antennes, accaparera encore l'attention, «les arbres cacheront la forêt». Mais que l'on franchisse le seuil des deux cents mètres, les horizons spatiaux subissent une transformation radicale. Progressivement nettoyé des incrustations accumulées par les siècles – qui ne sont que trop apparentes au sol – le bourg primitif se dégagera du flou environnant, prendra forme dans la monture naturelle qui a déterminé son implantation et ses limites, se cristallisera, en quelque sorte, en facettes de part et d'autre des axes de clivage de ses rues d'accès. Suivant l'éclairage et la topographie du terrain, une seule prise oblique de 30° à 45° de la verticale à une altitude de deux cents à trois cents mètres nous dévoilera ainsi la parfaite cohérence de tous les éléments constituant un bourg médiéval.

Prendre de la hauteur pour remonter le temps: de tous les aspects insolites de la prospection aérienne, celui-ci est assurément le plus spectaculaire. Mais plein d'embûches aussi lorsqu'on arrive à l'étape de la photo-interprétation. Le photographe a beau «filtrer» les éléments parasites des siècles récents, son document n'en reflète pas moins une imbrication d'états successifs dans l'évolution d'un site. Rendre perceptibles ces juxtapositions et ces superpositions d'états fugitifs passés, ces facteurs temps figés sur la pellicule, tel est l'un des buts proposés par ce livre. Notre vision du moyen âge acquerra par là une dimension nouvelle en profondeur.

Supposons maintenant que nous survolons l'une de ces hautes vallées des Grisons tapissées de ruines d'églises-refuges dont les sites sont presque toujours envahis aujourd'hui par la végétation. Sur ce fond déshumanisé par des siècles d'abandon, voici que surgissent, de nouveau, des lignes de force dictées par la nature et consacrées jadis par les hommes. Ces rapports sous-jacents du site et du monument nous invitent à renoncer à notre échelle du temps habituelle: le moyen âge renoue ici avec la préhistoire, les siècles s'estompent et c'est à peine si l'on peut saisir le passage des millénaires.

Distanz ein Sichlösen von allem, was uns vertraut ist. Für den Flugphotographen hat jede Höhe ihre eigene Wahrheit wie auch ihre eigenen Verzerrungen. Im Falle unseres Städtchens erweist sich eine Höhe von hundert Metern als ungenügend, zumindest wenn das Objekt aus einem schrägen Winkel aufgenommen wird. Noch wird der Blick von den Fassaden, Kaminen und Antennen gefangen – man sieht gleichsam den Wald vor lauter Bäumen nicht. Doch sobald wir die Schwelle von zweihundert Metern überschreiten, erfahren die räumlichen Horizonte eine durchgreifende Veränderung. Von den Anlagerungen der letzten Jahrhunderte befreit, hebt sich die ursprüngliche Siedlung allmählich aus der sie umgebenden Verschwommenheit heraus, enthüllt ihre Verknüpfung mit den Gegebenheiten der Landschaft, die ihre Anlage und ihre Grenzen bestimmten, und kristallisiert sich letztlich gewissermaßen facettenartig beiderseits der Spaltlinien ihrer Straßen. Je nach Belichtung und topographischen Verhältnissen wird uns auf diese Weise eine einzige Aufnahme aus einem schrägen Winkel von 30° bis 45° der Vertikalen und einer Höhe von zweihundert bis dreihundert Metern das harmonische Zusammenspiel aller Elemente aufzeigen, aus denen eine mittelalterliche Stadt bestand.

Aufstieg in die Höhe des Raums, um zurückzublicken in die Tiefe der Zeit – von allen ungewöhnlichen Aspekten der Flugbildtechnik ist dieser wohl der erstaunlichste, zugleich aber auch einer der heikelsten, wenn es um die Identifizierung der im Bild festgehaltenen Strukturen geht. Wie sehr sich der Photograph auch bemühen mag, die in jüngerer Zeit hinzugefügten Fremdkörper «herauszufiltern» – sein Film zeigt doch Spuren nachfolgender Entwicklungsphasen. Eines der Ziele des vorliegenden Bandes ist es, diese An- und Überlagerungen kurzlebiger Zustände hervorzuheben, diese auf Zelluloid gebannten Zeitfaktoren wahrnehmbar zu machen. Unser Bild vom Mittelalter wird dadurch an Schärfe gewinnen.

In den Hochtälern Graubündens gibt es eine ganze Reihe verfallener Kirchenburgen, deren Ruinen heute fast vollständig überwuchert sind. Überfliegen wir diese seit Jahrhunderten verlassenen, kaum noch als menschliche

L'un des paradoxes les plus surprenants de notre survol accéléré dans l'espace et dans le temps relève justement de cette valorisation de tout ce qui est... permanent. La permanence de la pierre, bien entendu, mais aussi et surtout celle de l'homme lorsqu'il a laissé l'empreinte ineffaçable de son âme sur ces sites.
Le moyen âge n'a pas *inventé* une vie à ce point structurée qu'elle a duré mille ans: il l'a *vécue*. Et sa vitalité millénaire se ressent encore à travers ses bourgs, ses églises et ses châteaux, ceux du moins qui ont fait preuve d'endurance en parvenant jusqu'à nous. La Suisse médiévale fait partie d'un héritage vivant car elle jalonne notre chemin, elle vit parmi nous.
Et si, malgré tout, nous ignorions sa présence ou l'appel de son témoignage, c'est peut-être tout simplement parce que la Suisse médiévale tourne souvent son plus beau visage vers le ciel.

Schöpfungen erkennbaren Stätten, so offenbaren sich uns plötzlich ihre Kraftlinien, die von einer ergreifenden Übereinstimmung zwischen Menschenwerk und Natur Zeugnis ablegen. Hier verliert unser Zeitbegriff seine Gültigkeit: Das Mittelalter knüpft an die Vorgeschichte an, die Jahrhunderte verblassen, ja selbst der Ablauf der Jahrtausende läßt sich kaum mehr fassen.
Paradoxerweise erlaubt uns gerade der beschleunigte Flug durch Raum und Zeit, zur Geltung zu bringen, was Bestand hat. Beständig aber ist nicht nur der Stein, sondern auch und vor allem der Mensch selbst, dort wo sein Geist unauslöschliche Spuren hinterlassen hat.
Das Mittelalter hat seine Kultur, die ein Jahrtausend überdauerte, nicht *erfunden:* es hat sie *gelebt*. Noch heute strahlt diese Vitalität aus seinen Städtchen, Kirchen und Burgen, zumindest jenen, die die Stürme der Zeit überstanden haben und uns erhalten geblieben sind. Die mittelalterliche Schweiz ist Teil eines lebendigen Erbes, denn wir begegnen ihr auf Schritt und Tritt. Sie ist unter uns.
Sollten wir ihre Anwesenheit trotz allem nicht bemerkt oder ihre Botschaft mißdeutet haben, so vielleicht nur deshalb, weil sie ihr schönstes Gesicht oft dem Himmel zuwendet.

# Le bourg
# Die Siedlung

*Vue de Laufenbourg, tirée de Matthieu Merian,* ▶
Topographia Alsatiae, *1644.*
*Bibliothèque publique et universitaire, Genève.*

*Laufenburg, Stich von Matthäus Merian,*
Topographia Alsatiae, *1644.*
*Bibliothèque publique et universitaire, Genf.*

C
A
E
A
D

# Petits mondes bien ordonnés

Perdues, et dans le temps plus encore que dans l'espace, maintes petites bourgades des montagnes suisses somnolent doucement en marge de la vie du XX$^{e}$ siècle. Gardons-nous bien de les réveiller trop brusquement: jusqu'ici préservées de l'accélération de l'histoire et de l'éclatement des villes, elles conservent encore un précieux témoignage de ces siècles du moyen âge qui virent la naissance de la Confédération.

Ces petits mondes rangés à l'écart de nos grandes agglomérations et de leur réseau de routes nationales doivent leur caractère fermé – et, partant, leur étonnante préservation – à la volonté de leurs fondateurs. Aux XII$^{e}$ et XIII$^{e}$ siècles notamment, les grands féodaux laïcs et les dignitaires de l'Eglise (car il s'agit bien des deux) éprouvèrent le besoin de consolider leurs sièges et d'accroître leur prestige. La création du bourg à l'ombre du château répondait admirablement à ce double but.

Conçue comme un agrandissement du château primitif, la nouvelle agglomération est désignée dans les textes de l'époque par le même terme générique: *castrum*, place forte habitée. En effet, les problèmes de défense étaient identiques au départ. Le bourg ne devait offrir aucune prise facile à un assaillant éventuel. Le caractère des sites et le tracé des remparts primitifs, si frappants dans la vue aérienne, ne laissent aucun doute à cet égard. En reconnaissant le rôle primordial attribué au terrain, nous comprenons enfin la raison de l'extraordinaire variété des formes d'implantation urbaine dans un pays comme la Suisse.

De simple point d'appui stratégique, le bourg ne tarda pas, toutefois, à devenir le foyer d'une relance économique touchant à une zone beaucoup plus vaste. Mais cette relance, d'abord encouragée par le fondateur (qui octroyait aux colons des privilèges de caractère commercial et juridique), portait en germe la destruction de la société féodale tout entière.

A l'encontre de ce qui se passe en notre temps, l'histoire de l'urbanisme médiéval est celle d'une «fuite vers le centre» des agglomérations. Aux servitudes traditionnelles rattachant le paysan à la glèbe ou le soldat à son seigneur succéda un mouvement vers les villes, avec l'affran-

# Geordnete kleine Welten

Abseits der Hektik des 20. Jahrhunderts träumt in vielen Landstrichen der Schweiz noch manche mittelalterliche Ortschaft still vor sich hin. Reißen wir sie nicht allzu brüsk aus ihrer Versunkenheit – von der Schnellebigkeit unserer Zeit und explosionsartigen Ausdehnung der Städte bis jetzt verschont, ist sie für uns ein kostbares Zeugnis jener Jahrhunderte des Mittelalters, die die Geburt der Eidgenossenschaft erlebten.

Diese kleinen Welten am Rande der modernen Zivilisation mit ihren ausufernden Agglomerationen und ihren Schnellstraßen verdanken ihren geschlossenen Charakter – und füglich ihren bewundernswerten Erhaltungszustand – dem Überlebenswillen ihrer Gründer. Im 12. und 13. Jahrhundert hauptsächlich erwachte in den mächtigen weltlichen Feudalherren und den Würdenträgern der Kirche (denn um beide geht es hier) der Wunsch, ihre Wohnsitze zu befestigen und ihr Prestige zu mehren. Die Schaffung einer Siedlung im Schatten der Burg entsprach durchaus diesem zweifachen Verlangen.

Als Erweiterung der eigentlichen Burg gedacht, wird die neue Siedlung in den Urkunden jener Zeit allgemein *castrum* genannt, was etwa soviel wie bewohnte Festung bedeutet. In der Tat hatte sie anfänglich den gleichen Sicherheitsansprüchen zu genügen wie die Burg selbst. Sie durfte einem potentiellen Feind keinerlei Angriffsfläche bieten. Standort und Verlauf der alten Wehrmauern, wie sie im Flugbild so klar zur Geltung kommen, lassen in dieser Hinsicht keinen Zweifel. Erst wenn wir uns die überragende Bedeutung der naturgegebenen Schutzfaktoren vor Augen halten, können wir die außerordentliche Vielfalt der Siedlungsformen in einem Land wie der Schweiz verstehen.

Zunächst bloß strategisches Anhängsel des Herrensitzes, wurde die Burgsiedlung bald zum Ausgangspunkt eines wirtschaftlichen Aufschwungs, der ein weit größeres Gebiet berührte. Dieser Aufschwung, vom Siedlungsgründer durch Gewährung von Privilegien im Bereich des Handels und des Rechts anfänglich stark gefördert, trug jedoch im Keim bereits den Zusammenbruch des gesamten Feudalsystems in sich.

Im Gegensatz zu dem, was heute geschieht, setzte nun

chissement, «après l'an et jour», du nouveau bourgeois. Un bourgeois bientôt enrichi par le commerce et conscient de ses responsabilités envers la commune à laquelle désormais il s'identifiait. A côté de l'Eglise et de la féodalité, une troisième force était née.

Chacun connaît aujourd'hui le dénouement de cette histoire. Pendant un certain temps encore, barons et prélats, solidement retranchés dans leurs forteresses, gardèrent la suprématie: la ténacité des ducs de Savoie, des abbés de Saint-Gall ou des évêques de Coire, par exemple, ne souffrit guère de relâchement avant le XV$^{e}$ siècle. Mais en règle générale, l'octroi des franchises diminua l'autorité du seigneur. L'éloignement de celui-ci marqua un premier temps. La déchéance ou l'extinction de la dynastie des fondateurs fournit plus tard l'occasion rêvée pour le soulèvement de la commune contre le bailli en place et pour la destruction du château, symbole d'un ordre révolu. En Suisse alémanique – à Berne et à Winterthour notamment – cela s'est passé parfois déjà au XIII$^{e}$ siècle. Avec quel sentiment de triomphe les bourgeois devaient-ils sceller leur victoire en de pareilles occasions, érigeant leurs hôtels de ville avec des pierres récupérées des ruines!

La Suisse a le privilège de conserver encore un grand nombre de ces villes neuves dont les origines féodales sont attestées par la présence de châteaux ou de sites de châteaux arasés. Même après la disparition de leurs propres défenses, ces bourgades résistent, toutes tournées sur elles-mêmes, aux empiètements du monde moderne. Les forces qui les menacent de l'extérieur sont différentes aujourd'hui, mais l'expérience accumulée n'en est pas moins efficace: ces petits mondes imperturbables, nés d'une volonté de survie voilà plus de sept cents ans, résisteront, à n'en pas douter, des siècles encore!

eine «Flucht zum Zentrum» ein, die die ganze Geschichte des mittelalterlichen Städtebaus charakterisiert. Die Lockerung traditioneller Abhängigkeitsverhältnisse wie jener, die den Bauern an die Scholle und den Söldner an seinen Fürsten banden, bewirkte eine Bewegung zu den Städten hin, der «nach Jahr und Tag» der Aufstieg in den Rang eines freien Bürgers folgte – eines Bürgers, der sich bald durch Handel bereicherte und ein neues Verantwortungsgefühl für die Gemeinschaft zu entwickeln begann, mit der er sich nun identifizierte. Neben Geistlichkeit und Adel war damit eine dritte Kraft geboren.

Man weiß, wie diese Entwicklung weiterging. Eine Zeitlang noch führten die weltlichen und kirchlichen Herren, gut geschützt hinter den Mauern ihrer befestigten Sitze, das Zepter. Die Stellung mächtiger Fürsten wie etwa der Herzöge von Savoyen, der Äbte von Sankt Gallen oder der Bischöfe von Chur blieb bis ins 15. Jahrhundert sozusagen unangefochten. Doch im allgemeinen hatte die Gewährung von Franchisen eine deutliche Minderung der Autorität der Feudalherren zur Folge. Ihre völlige Entmachtung ließ nicht auf sich warten. Verfall oder Untergang der Gründerdynastien lieferten später den ersehnten Anlaß für die Erhebung der Gemeinde gegen den amtierenden Vogt und für die Zerstörung der zum Symbol einer veralteten Ordnung gewordenen Burg. In der deutschsprachigen Schweiz – etwa in Bern oder Winterthur – geschah dies vielfach bereits im 13. Jahrhundert. Man kann sich lebhaft vorstellen, mit welchem Triumphgefühl die Bürger ihren Sieg auskosteten und die Burgruinen als Steinbruch für die Errichtung ihrer Rathäuser benutzten.

Die Schweiz hat das Glück, noch eine große Zahl solcher Neustädte zu besitzen, deren feudaler Ursprung durch noch vorhandene Burgen oder urkundlich belegte Standorte verschwundener Herrensitze bezeugt ist. Auch heute noch, lange nach der Zerstörung ihrer alten Wehranlagen, widerstehen diese ganz in sich gekehrten Orte dem Zugriff der Außenwelt. Die Kräfte, die sie bedrohen, sind heute zwar anderer Art, doch die in jahrhundertelangem Überlebenskampf gesammelte Erfahrung tut auch hier ihre Wirkung. Kein Zweifel: Diese kleinen, unerschütterlichen Welten, vor mehr als siebenhundert Jahren aus einem hartnäckigen Selbsterhaltungswillen heraus geboren, werden noch Jahrhunderte überdauern.

*Aubonne (VD)*

Voici l'Aubonne qui nous a tant séduit dans le moment de vérité évoqué au début de ce livre. Aubonne à vol d'oiseau: c'est un petit monde qui nous renvoie le reflet de ses origines, c'est un livre d'histoire ouvert, un abrégé visuel de tout ce qu'un bourg médiéval peut encore révéler sur l'époque de sa fondation.
L'altitude d'approche est suffisamment basse pour faire ressortir le relief curieusement étagé du terrain et, mieux encore, la manière dont les bâtisseurs de la ville perchée en ont si avantageusement tiré parti. Aubonne était une fondation féodale: rien d'étonnant, alors, à ce que la famille seigneuriale du lieu ait bâti son siège sur l'éminence dominant toute la place. Sa chapelle, ancêtre de la paroissiale actuelle, vint ensuite dans l'ordre des préséances: elle fut implantée, au XIIIe siècle, au pied de la rampe du château, sur le petit plateau à droite de celui-ci. Troisième et dernier élément des hiérarchies, le quartier marchand et artisanal s'accrocha d'abord aux contours de la colline autour de l'église (site vraisemblablement aussi d'un marché embryonnaire) avant de prendre, au XIVe siècle, une extension linéaire, plus bas, sur le terrain plat vers la gauche de notre photo.
Aubonne n'a heureusement jamais connu le phénomène de l'éclatement des villes. Précisons cependant qu'aujourd'hui le véritable centre d'animation du bourg se trouve dans le quartier de l'hôtel de ville, à la limite du périmètre médiéval, en bas au premier plan de notre image. L'éclatement n'a pas – encore – eu lieu, mais la ville haute d'Aubonne, la ville des fondateurs, n'en a pas moins été reléguée à l'arrière-plan de la vie!

*Aubonne (VD)*

Hier sehen wir das Städtchen Aubonne, das uns im eingangs erwähnten «Augenblick der Wahrheit» so sehr bezaubert hat. Aubonne aus der Vogelschau: eine kleine Welt für sich, die den Widerschein ihrer Ursprünge zu uns emporwirft, ein offenes Geschichtsbuch, ein visueller Abriß all dessen, was uns eine mittelalterliche Siedlung noch über die Zeit ihrer Gründung zu enthüllen vermag.
Die Anflugshöhe ist niedrig genug, um auf dem Bild das eigenartig abgestufte Bodenrelief und, mehr noch, dessen geschickte Ausnutzung durch die Erbauer der Stadt hervortreten zu lassen. Aubonne war eine Gründung des Feudaladels. Es ist also nicht verwunderlich, daß die Herren des Orts ihren Sitz auf dem höchstgelegenen Punkt errichteten. Ihre Kapelle, Vorgängerin der jetzigen Pfarrkirche, wurde im 13. Jahrhundert, alter Rangordnung entsprechend, am Fuß der Burgrampe erbaut, auf der kleinen Terrasse rechts der Burg. Das dritte und letzte Element der mittelalterlichen Hierarchie, die Siedlung der Kaufleute und Handwerker, entstand im 14. Jahrhundert im Umkreis der Kirche (wo sich wahrscheinlich auch ein kleiner Markt befand) und dehnte sich später auf die Flachzone im linken Teil unseres Bildes aus.
Der Stadtkern von Aubonne ist glücklicherweise bis heute mehr oder weniger intakt, der Schwerpunkt des städtischen Lebens liegt im Rathausviertel am Rand des mittelalterlichen Stadtkreises (auf unserem Bild unten im Vordergrund). Eine Expansion ist (noch) nicht erfolgt, doch die Oberstadt von Aubonne, die Stadt der Gründer, wurde nichtsdestoweniger in den Hintergrund gedrängt.

## *Cerlier (BE)*

Un bourg à l'image du château fort: Cerlier, au bord du lac de Bienne. Château et bourg, édifiés respectivement aux XII^e^ et XIII^e^ siècles par la maison de Neuchâtel, forment un ensemble tellement homogène qu'à considérer cette photo aérienne on pourrait croire qu'ils sont exactement contemporains l'un de l'autre. S'il y a des liens de parenté, c'est donc à travers le temps, un peu comme se manifeste, à travers l'espace, cet «air de famille» propre à toutes les créations urbaines de cette dynastie prolifique.
Ainsi, de simple château féodal dressé au sommet du promontoire, Cerlier devint, par la force des choses, une «ville haute» fortifiée dont les remparts et les habitations s'alignent dans la seule direction qui leur restait disponible: du haut vers le bas de la colline. L'expédient, à vrai dire, ne fera pas école. Pour des raisons militaires évidentes, les fondateurs de bourgs et de villes neuves préféreront calquer les lignes des défenses et des habitations sur les contours mêmes du terrain. Quoi qu'il en soit, la joyeuse dégringolade des maisons à arcades du vieux bourg de Cerlier reste, en dehors de toute autre considération, une source de plaisir pour l'œil.

## *Erlach (BE)*

Das Musterbeispiel eines Städtchens, das nach dem Vorbild seiner Burg angelegt wurde: Erlach am Bielersee. Im 12. bzw. 13. Jahrhundert von den Grafen von Neuenburg erbaut, bilden Burg und Siedlung ein derart einheitliches Ganzes, daß man beim Betrachten unserer Photographie glauben könnte, sie seien gleichzeitig entstanden. Die verwandtschaftlichen Bande werden hier über die Zeit hinweg sichtbar, so wie sie auch über den Raum hinweg in allen Gründungen jenes im Städtebau so aktiven Geschlechts zutage treten.
Vom einfachen Herrensitz auf einer Anhöhe über dem Bielersee entwickelte sich Erlach zu einer Burgstadt, deren Befestigungen und Wohnhäuser in der einzigen Richtung angelegt wurden, die ihnen auf dem schmalen Vorsprung noch blieb, das heißt in der Fallinie des Hanges. Diese Lösung sollte indessen nicht Schule machen. Aus militärischen Gründen zogen es die Erbauer von Burgsiedlungen und Neustädten andernorts vor, die Verteidigungs- und Wohnbauten den Schichtlinien des Geländes entlangzuziehen. Ungeachtet ihres strategischen Nachteils aber bleibt die Anordnung der Häuser des alten Städtchens Erlach mit seinen Bogengängen eine Augenweide für den heutigen Betrachter.

*Stein-am-Rhein (SH)*

Stein n'a guère besoin d'être encore une fois «découverte»! Elle n'a surtout pas attendu l'avènement de l'ère de l'aviation pour être signalée comme la plus belle des petites villes médiévales de Suisse alémanique. Malgré cela, elle nous a réservé un enchantement: pierre précieuse haute en couleurs lorsqu'elle est parcourue au niveau de la rue, elle acquiert la limpidité de la perle – de la plus belle eau, c'est le cas de le dire – lorsqu'elle est approchée par la voie des airs.
Faut-il croire que cette oasis de paix a eu des origines militaires? La résonance du toponyme le suggérerait: les *Stein* (il y en avait plusieurs en Suisse) étaient souvent des places fortes associées au «rocher» qui leur servait d'assise. Dans notre cas, il s'agirait du castel romain de Tasgetium (Eschenz), situé sur l'éminence en face du bourg médiéval, à proximité d'un premier pont. Un castel qui n'était plus qu'un amoncellement de pierres lorsque le site attira, dans les premières années du XIe siècle, l'implantation d'un monastère bénédictin.
Mais comme, après un demi-millénaire d'interruption du trafic, les voyageurs recommençaient à passer par cette voie, les moines, pour remplir leur mission d'hospitalité, avaient besoin de place; ils la trouvèrent, non pas à l'intérieur de l'enceinte étriquée, mais sur la berge opposée, au milieu des prés. Et ce fut ce noyau conventuel de Saint-Georges-de-Stein qui engendra la nouvelle tête de pont et étape de route qui, en 1094, prit la forme d'un marché fortifié, d'un bourg en somme, tel que nous le reconnaissons aujourd'hui.

*Stein am Rhein (SH)*

Stein am Rhein braucht kaum noch «entdeckt» zu werden. Es hat vor allem auch nicht das Zeitalter der Aviatik abwarten müssen, um als eines der schönsten mittelalterlichen Städtchen der deutschsprachigen Schweiz erkannt zu werden. Dennoch enthüllt es uns einen ungeahnten Zauber. Buntschillerndes Juwel für den, der durch seine Straßen wandert, gewinnt es bei der Betrachtung aus der Luft die Klarheit einer Perle von schönstem Wuchs.
Sollte diese Oase des Friedens ursprünglich eine militärische Anlage gewesen sein? Ihr Name deutet jedenfalls darauf hin: Die Ortsbezeichnung *Stein* wurde in der Schweiz oft einem befestigten Platz gegeben, der auf einem Felsen, eben einem «Stein», lag. Der befestigte Platz dürfte in diesem Fall das römische Kastell Tasgetium (Eschenz) auf einem Felsvorsprung gegenüber dem heutigen Städtchen, in der Nähe einer alten Brücke, gewesen sein. Dieses Kastell lag schon längst in Trümmern, als die Stätte in den ersten Jahren des 11. Jahrhunderts zum Standort eines Benediktinerklosters wurde.
Doch um das Gebot der Gastfreundschaft gegenüber den nach einem halben Jahrtausend nun wieder diesem Weg folgenden Reisenden erfüllen zu können, benötigten die Mönche mehr Platz, als ihnen innerhalb der engen Befestigungsmauern zur Verfügung stand. Sie fanden ihn am gegenüberliegenden Ufer, inmitten der Wiesen, wo nun neue Klostergebäude entstanden. Aus dem Sankt Georg zum Stein jener Zeit entwickelte sich auf diese Weise ein Brückenkopf und Etappenort, der im Jahre 1094 den Status eines befestigten Marktes erlangte und zu dem Städtchen wurde, wie wir es heute kennen.

*Laufenbourg (AG)*

D'Ilanz, «première ville sur le Rhin» dans l'Oberland grison, jusqu'aux villes portuaires des Pays-Bas, le grand fleuve qui scinde en deux le continent européen a de tout temps stimulé la construction de ponts et, par conséquent, de places fortes pour les défendre. Telle fut l'origine de Laufenbourg, l'une des plus belles parmi une bonne douzaine d'implantations de ce type encore conservées sur les rives suisses du Rhin.

La nature a puissamment contribué au choix du site. Le resserrement des berges détermina au départ la construction du pont, deux éminences opposées engendrèrent des tours de guet, la turbulence du courant (*Laufen* dérive de *loufe,* rapides) nécessita un relais fluvial pour les bateliers. Tout cela aboutit finalement, avant le milieu du XIIIe siècle, au «bourg sur le Laufen», place forte et ville éponyme de la branche de la grande dynastie féodale qui l'avait fondée: les Habsbourg-Laufenbourg.

Notre photo embrasse d'une façon saisissante tous les éléments de la ville-pont médiévale: le pont lui-même, les tours du château et de l'église couronnant la colline et, surtout, cette admirable petite bourgade toute recroquevillée sur son promontoire. Rien ne manque à ce tableau médiéval trop paisible, sinon un élément... d'agitation. Celui même des rapides, malheureusement apprivoisés aujourd'hui par la construction de barrages.

*Laufenburg (AG)*

Von Ilanz, der «ersten Stadt am Rhein» im Bündner Oberland, bis zu den Hafenstädten der Niederlande hat dieser große Strom, der den europäischen Kontinent durchzieht, von jeher den Anstoß zum Bau von Brücken und damit von befestigten Plätzen für deren Verteidigung gegeben. Dieser Tatsache verdankt auch Laufenburg seine Entstehung, eine der schönsten von gut einem Dutzend Anlagen dieser Art, die an den schweizerischen Rheinufern bis heute erhalten geblieben sind.

Ihr Standort, ebenso wie ihr Aussehen, wurde weitgehend von den natürlichen Gegebenheiten bestimmt. Die an jener Stelle eng zusammenstehenden Felsen luden zunächst zum Bau einer Brücke ein. Zwei einander gegenüberliegende Vorsprünge begünstigten die Errichtung von Wachtürmen, und die Stromschnellen (oder Laufen, wie man sie einst nannte) schließlich machten einen Umladeplatz für die Schiffer notwendig. So entstand in der ersten Hälfte des 13. Jahrhunderts unser Laufenburg – Burg an den Laufen –, befestigter Platz und namengebende Stadt jenes Zweigs des mächtigen Habsburger Geschlechts, dem es seine Gründung verdankt: Habsburg-Laufenburg.

Unser Flugbild gibt auf eindrucksvolle Weise alle Elemente der mittelalterlichen Brückenstadt wieder: die Brücke selbst, die Türme der Burg und der Kirche auf der Anhöhe und vor allem die bezaubernde Anordnung ihrer sich eng aneinanderschmiegenden Häuser. Nichts fehlt auf diesem idyllischen Bild aus dem Mittelalter, es sei denn ein Element der – Bewegung. Jenes nämlich der Stromschnellen, die leider durch den Bau von Stauwehren gezähmt wurden.

*Saillon (VS)*

Saillon dépasse tout ce que l'imagination peut concevoir en fait de bourg fortifié. Certes, Morat (p. 25) est mieux conservé, Gruyères (p. 100) et Regensberg sont plus altiers mais, pour être à moitié en ruines, Saillon-la-Forte n'en porte pas moins le sceau d'une incomparable authenticité, d'une fidélité parfaite à ses origines.
Tout a commencé au XIe siècle déjà par la construction d'un premier château au sommet de la croupe rocheuse au centre de notre photo. Une place aussi richement dotée par la nature ne pouvait rester inaperçue des Savoyards. Vers le milieu du XIIIe siècle, le comte Pierre II la fait agrandir, tant du côté de cette «tour Bayart», tout en haut, que du bourg proprement dit, et cela pour les mêmes motifs: tenir en respect le Bas-Valais et surveiller la route, d'une si grande importance stratégique.
Depuis quelques siècles, les eaux protectrices du Rhône ont changé de lit; la nouvelle route du Valais s'est également éloignée de l'œil vigilant de la tour de guet. Mais la vie continue. La vigne s'accroche aux flancs du contrefort rocheux et l'église Saint-Laurent veille sur ses fidèles. Les Hauts-Valaisans qui incendièrent le château ont épargné le bourg, petite parcelle du moyen âge vivant encore aujourd'hui à l'abri du temps.

*Saillon (VS)*

Saillon übertrifft alles, was man sich unter einem mittelalterlichen Burgstädtchen vorstellen mag. Gewiß, Murten (S. 25) ist besser erhalten, Greyerz (S. 100) und Regensdorf blicken stolzer in die Welt, doch Saillon, obwohl halb verfallen, trägt den Stempel einer unvergleichlichen Authentizität, die uns den Geist seiner Gründungsepoche von neuem erleben läßt.
Die Geschichte von Saillon begann im 11. Jahrhundert mit dem Bau einer ersten Burg auf der Felskuppe im Mittelpunkt unseres Bildes. Ein von der Natur so bevorzugter Platz konnte von den Savoyern nicht unbemerkt bleiben. Um die Mitte des 13. Jahrhunderts ließ Herzog Peter II. die alte Anlage vergrößern, sowohl in Richtung des «Bayart-Turms», ganz oben, als auch gegen die eigentliche Siedlung hin. Er verfolgte damit die gleichen Absichten wie die Gründer selbst: das Unterwallis zu beherrschen und die strategisch so wichtige Straße durch das Rhonetal kontrollieren zu können.
Seit mehreren Jahrhunderten schon folgen die Wasser der Rhone einem anderen Lauf. Auch die neue Hauptstraße hat sich vom wachsamen Auge des Spähturms entfernt. Doch das Leben geht weiter – an den Flanken des Burghügels wachsen Reben, und die Kirche des heiligen Laurentius wacht über ihre Herde. Die Oberwalliser haben wohl die Burg in Brand gesteckt, das Städtchen selbst aber entging den Flammen. Ein Stückchen Mittelalter lebt hier abseits des Zeitgeschehens still weiter.

*Saint-Prex (VD)*

Cette vue plongeante est une confirmation éclatante du document d'archives qui révèle que Saint-Prex était une fondation réfléchie, destinée avant tout à protéger ses habitants. Selon les termes mêmes de cet acte de 1234, «le chapitre de Lausanne ordonne que la *villa de Saint Protais* (c'est-à-dire le village de Saint-Prex), qui était jusque-là dispersée, soit transférée et rassemblée sur le littoral, au lieu dit Sus, et qu'elle soit fortifiée afin que ses habitants y soient en sécurité». La disposition méthodique de ses rues et de ses ruelles tire le meilleur parti d'un site triangulaire déjà admirablement choisi pour dissuader un agresseur éventuel. Mais les remparts protégeant le flanc le plus menacé, du côté terre, ont disparu; du côté lac, des quais fleuris ont remplacé les rangées de palissades dressées en prévision d'un débarquement savoyard.

Alors que reste-t-il aujourd'hui pour réanimer, chez le visiteur de cette si charmante petite bourgarde lémanique, l'image du camp retranché né des guerres féodales? La réponse, encore une fois, vient du ciel.

*Saint-Prex (VD)*

Diese Ansicht aus der Höhe bestätigt, was uns eine alte Urkunde über Saint-Prex wissen läßt, nämlich daß die Gründung des Städtchens einem wohldurchdachten Plan entsprang und in erster Linie dem Schutz der Einwohner dienen sollte. In jener Urkunde aus dem Jahre 1234 heißt es wörtlich: «Das Kapitel Lausanne verfügt hiermit, daß die *Villa Saint Protais* (das heißt das Dorf Saint-Prex), die bisher verstreut lag, an das Seeufer verlegt und dort am mit Sus bezeichneten Ort zusammengefaßt werde und daß man sie befestige, auf daß ihre Bewohner dort in Sicherheit seien.» Die methodische Anlage der Straßen und Gassen schöpft alle Vorteile eines Geländedreiecks aus, das an sich schon glänzend geeignet war, einen möglichen Angreifer abzuschrecken. Die Festungsmauern, die die Stadt auf der am stärksten exponierten Landseite schützten, sind heute verschwunden, und auf der Seeseite hat eine blumengeschmückte Uferpromenade die Palisaden ersetzt, die einst eine Landung der Savoyer verhindern sollten.

Was ist also übriggeblieben, um den Augen des Besuchers jenes reizenden Genferseestädtchens das Bild einer trutzigen Feste aus der Zeit der Feudalkriege wieder erstehen zu lassen? Die Antwort kommt auch hier – von oben.

## *Maienfeld (GR)*

Comme l'orientation de la vigne le suggère, la charmante bourgade de Maienfeld est bâtie dans la pente, entre l'église – en haut – et le château – en bas. Mais, si l'on retrouve à peu près l'image de fermeture et d'organisation intérieure que l'on s'attend à découvrir dans une fondation médiévale, Maienfeld semble en revanche avoir fait fi des hiérarchies en vigueur à l'époque: le château seigneurial, fondé, comme le bourg, par les puissants barons de Vaz, est bâti au bas de la pente! Comment expliquer une pareille aberration?

Si les barons de Vaz ont opté pour la création d'un bourg surplombant leur propre siège, c'est qu'ils avaient des raisons impérieuses de maintenir libre de toute construction le flanc sud-ouest de leur place, du côté de la plaine. Or, nous l'avons constaté dans une vieille gravure, non seulement cette plaine était sujette à des inondations, mais aussi elle était sillonnée de cours d'eau reliant la Landquart et le Rhin. Au moyen âge, Maienfeld était riveraine de l'un de ces cours d'eau – peut-être un bras du Rhin lui-même – qu'un pont d'une importance considérable aurait franchi, comme par hasard, à la hauteur du château. Des féodaux en bas et des bourgeois en haut de la pente, lesquels étaient les mieux placés, finalement, pour dominer la situation?

## *Maienfeld (GR)*

Wie die Anordnung der Rebstöcke erkennen läßt, liegt das reizende Städtchen Maienfeld an einem Hang. Wenn wir hier auch annähernd das Bild der Geschlossenheit und inneren Organisation finden, das man bei einer mittelalterlichen Gründung erwarten kann, so zeigt Maienfeld doch eine deutliche Abweichung vom üblichen Plan einer Hangstadt aus der Feudalzeit: Ganz im Gegensatz zu der damals geltenden Hierarchie befindet sich die Burg hier am Fuße des Hügels. Wie läßt sich das erklären?

Wenn die mächtigen Freiherren von Vaz, Gründer der Burg, die Siedlung oberhalb ihres Sitzes erbauen ließen, so müssen sie triftige Gründe dafür gehabt haben, die Südwestflanke, das heißt die der Ebene zugewandte Seite, von irgendwelchen anderen Bauten freizuhalten. Auf einem alten Stich konnten wir denn auch feststellen, daß diese Ebene einst von Wasserläufen durchzogen war, die die Landquart mit dem Rhein verbanden, weshalb sie, nebenbei gesagt, auch häufig von Überschwemmungen heimgesucht wurde. Im Mittelalter lag Maienfeld am Ufer eines solchen Wasserlaufes – möglicherweise eines Seitenarms des Rheins selbst –, über den in Burghöhe eine vielbegangene Brücke führte. Es versteht sich daher von selbst, daß die Feudalherren, um die Lage unter Kontrolle zu haben, in diesem Fall am Hügelfuß weit besser plaziert waren als oben am Hang.

*La Sarraz (VD)*

La plus ancienne fondation urbaine du moyen âge en territoire suisse pourrait bien être celle de La Sarraz, en Pays de Vaud. Jusqu'à la fin du premier tiers du XII^e^ siècle, pas un texte, pas la moindre allusion documentaire à une création de ce genre. Puis vers 1135 surgit de l'anonymat des archives un nommé *Hugo de burgo novo*, mestral au service des comtes de Grandson. Or ceux-ci étaient propriétaires du château de La Sarraz (que l'on voit en haut à droite de notre photo). S'il peut subsister tout de même un doute sur le véritable *burgo novo* de Hugo, il ne saurait y en avoir quant aux raisons qui présidèrent au choix de cette nouvelle place. La vue aérienne est explicite: le bourg n'est que l'ouvrage avancé du château, et sa forme étirée n'est que la manière la plus logique d'acheminer le trafic au vu et au su des châtelains.
La *Serrata*–le défilé–offrait effectivement à ses détenteurs le contrôle d'un tronçon de route d'importance «internationale». La nature avait élevé cette éminence pour marquer la ligne de partage des eaux entre la Méditerranée et la mer du Nord. Le moyen âge prit une autre option: il y traça la route la plus directe reliant par les cols du Grand-Saint-Bernard et de Jougne les plaines de Lombardie à celles de la Champagne.

*La Sarraz (VD)*

Es kann sehr wohl sein, daß La Sarraz im Waadtland die älteste mittelalterliche Burgsiedlung auf dem Gebiet der heutigen Schweiz ist. In den ersten drei Jahrzehnten des 12. Jahrhunderts fehlt in den Texten jeder Hinweis auf eine städtische Neugründung. Erst 1135 wird in den Archiven ein gewisser *Hugo von Burgo Novo* genannt, Ministerialer im Dienste der Grafen von Grandson, denen die Burg La Sarraz (auf unserem Bild oben rechts sichtbar) gehörte. Selbst wenn in bezug auf das wirkliche *Burgo Novo* Zweifel bestehen, so liegen doch die Gründe, die die Erbauer von La Sarraz zur Wahl dieses Standorts bewogen, klar auf der Hand. Das Flugbild macht es deutlich: Die Siedlung war als eine Art Vorbau der Burg gedacht, und ihre längliche Form entsprach dem Wunsch der Burgherren, den durchziehenden Verkehr im Auge zu behalten.
In der Tat ermöglichte der natürliche Engpaß – spätlateinisch *serrata* – von La Sarraz seinem Beherrscher die Kontrolle über einen Straßenabschnitt von «internationaler» Bedeutung. Auf der Wasserscheide zwischen Mittelmeer und Nordsee gelegen, war diese Erhebung im Mittelalter Teil der kürzesten Verbindung von der Lombardei über den Großen Sankt Bernhard zu den Ebenen der Champagne.

# La pérennité des remparts urbains

Telles les cellules de vie apparues aux premiers âges du monde, nos bourgades multiformes ne pouvaient subsister à l'époque féodale qu'à l'intérieur d'une membrane protectrice, l'enceinte urbaine. C'était alors une véritable frontière: à l'abri de ces murailles, une civilisation en germe, organisée et rassurante; à l'extérieur, un monde encore informe, mû par des forces irrationnelles, maléfiques.
Le caractère proprement militaire des remparts, que nous avons évoqué plus haut, cède ici à un concept d'identité beaucoup plus nuancé. Il est significatif que déjà le plus humble des villages médiévaux s'entourait de fossés, de valeur plus symbolique que pratique. Consciente de ses privilèges économiques et sociaux, la cité médiévale, elle, se ceinturait de murailles, comme un souverain se ceint le front d'une couronne: dans tous les cas, une question – aussi – de prestige! C'est ainsi que bien avant la fin du moyen âge, l'image de remparts crénelés – sur les monnaies et dans les armoiries – était devenue l'emblème même de la souveraineté.
La fondation d'une ville neuve débutait sur le terrain par l'acte de la limitation de l'étendue. En attendant la construction des remparts permanents en pierre, seul le château seigneurial assumait la défense. L'ambiguïté d'une telle situation n'échappait pas aux bourgeois, qui, à plus ou moins brève échéance, achevaient l'œuvre de consolidation de leur place. Peine perdue, pourrait-on dire, dans bien des cas: l'expansion démographique était telle que les bourgs les mieux dotés de défenses étaient souvent les premiers à déborder leurs enceintes! Alors on se mettait à bâtir une nouvelle ligne de remparts de type perfectionné... en attendant de trancher la question du sort de la première. Ici, le dernier mot revint en général aux faubourgs. Enveloppés à leur tour par l'enceinte extérieure, ils exigèrent la démolition des défenses primitives, considérées (dans leur optique) comme une entrave à leur intégration dans la municipalité.
Un grand nombre de villes suisses au nord des Alpes conservent encore aujourd'hui d'importants tronçons de leurs enceintes du bas moyen âge. C'est au canton de Fribourg que revient le mérite de nous les avoir transmises

# Die Stadtmauer als Symbol

Wie die ersten Zellen, die auf der Erde die Entstehung von Leben ankündigten, konnten unsere vielgestaltigen Siedlungen in der Feudalzeit nur in einer Schutzmembran überleben – den Stadtmauern. Sie bildeten einst eine richtiggehende Grenze zwischen zwei Welten: hüben eine keimende Zivilisation, gekennzeichnet durch Ordnung und Sicherheit, drüben das noch Formlose, bewegt durch irrationale, unheilvolle Kräfte.
Der ursprünglich militärische Charakter der Befestigungsanlagen, von dem im vorhergehenden Kapitel die Rede war, tritt hier hinter einem ungleich subtileren Identitätsbegriff zurück. Es ist bezeichnend, daß sich selbst die bescheidensten Dörfer des Mittelalters mit einem Wassergraben umgaben, der mehr symbolischen als praktischen Wert besaß. Die mittelalterliche Stadt für ihr Teil errichtete im Bewußtsein ihrer wirtschaftlichen und gesellschaftlichen Privilegien ihre Mauern so, wie ein Herrscher sich seine Krone aufsetzt: im einen wie im anderen Fall auch eine Frage des Prestiges! So wurde das Bild der mit Zinnen bewehrten Stadtmauern auf den Münzen und Wappen schon lange vor dem Ende des Mittelalters zum eigentlichen Emblem der Souveränität.
Die Gründung einer neuen Stadt begann jeweils mit der Absteckung der hierfür ausersehenen Fläche. Bis zur Vollendung der Stadtmauern aus Stein sorgte allein die Burg des Gründers für die Verteidigung des Platzes. Die Unsicherheit und Doppeldeutigkeit dieser Situation bewogen die Bürger in vielen Fällen, die Befestigung ihrer Stadt über kurz oder lang selbst zu Ende zu führen. Nicht selten war alle Mühe vergeblich, denn die Bevölkerungszunahme erreichte solche Ausmaße, daß die am besten befestigten Siedlungen oft als erste über ihre Mauern hinauswuchsen. So wurde denn eine neue, verbesserte Befestigungslinie angelegt, womit sich die Frage stellte, was mit der alten zu geschehen hatte. Hier setzten sich im allgemeinen die Vororte durch. Von der äußeren Stadtmauer nun beschirmt, verlangten sie den Abbruch der ursprünglichen Wehranlagen, die aus ihrer Sicht bloß ein Hindernis für ihre Eingliederung in die städtische Gemeinschaft bildeten.
Viele Schweizer Städte nördlich der Alpen haben einen

plus ou moins intactes – à Morat (p. 25), Romont, Estavayer-le-lac et Gruyères, notamment. L'ensemble des remparts de la ville de Fribourg (p. 44) est unique en Suisse.

Qu'est-il advenu des autres remparts, ceux dont il ne reste plus de traces aujourd'hui? Malgré les consolidations du XVI$^{e}$ siècle pour faire face aux armes à feu, les enceintes médiévales devinrent totalement démodées avec l'introduction, au XVII$^{e}$ siècle, des bastions en étoile à la Vauban. Aux deux siècles suivants, particulièrement fertiles en démolitions, on ne vit dans ces murailles que des entraves à l'expansion.

C'est au XIX$^{e}$ siècle surtout que fut amorcé, au nom de l'émancipation de l'homme, le programme dont les méfaits deviennent de plus en plus évidents aujourd'hui. Car, en foulant aux pieds cette vétuste notion médiévale de limite entre l'habitat et le chaos extérieur, l'homme moderne a retrouvé... le chaos! Nos villes tentaculaires, qui ne connaissent plus aucune ligne de démarcation, sont là pour nous le rappeler.

Ce n'est pas le moindre des mérites de la photographie aérienne que de nous rendre sensibles à cette notion de limite même en l'absence des murailles d'enceinte. La prise de vue oblique sous un éclairage rasant de fin d'après-midi fait surgir, comme une apparition, le visage oublié de nos vieux bourgs. Comme aux temps des graveurs de vues topographiques (un Sébastien Münster ou un Matthieu Merian n'ont-ils pas anticipé la perspective aérienne?), nous saisissons du regard l'unité organique de ces cellules de vie, à flot sur une marée informe. A la place des murailles, depuis longtemps démolies, s'alignent des maisons jointives, tout aussi éloquentes, à leur manière, d'une volonté farouche d'indépendance face au monde extérieur. Les anciennes tranchées ont beau être comblées: la circulation automobile, ennemi actuel des vieilles localités et des centres-villes, n'en est pas moins efficacement détournée par les avenues annulaires qui suivent leurs traces.

Les vues aériennes réunies dans ce chapitre nous révèlent, enfin, une dimension de structure et de cadence qu'ignorent trop souvent nos urbanistes modernes. Aussi paradoxal que cela paraisse, c'est par le biais du survol que nous éprouvons le plus intensément le caractère profondément humain de ces vieux centres, bâtis – et c'est encore l'un des secrets de leur survie – à l'échelle de l'homme.

großen Teil ihrer Mauern aus dem späten Mittelalter bis in unsere Zeit bewahrt. In besonders großer Zahl und mehr oder weniger intakt finden wir solche Anlagen im Kanton Freiburg, namentlich in Murten (S. 25), Romont, Estavayer-le-Lac und Greyerz, sowie natürlich in der Kantonshauptstadt Freiburg (S. 44) selbst, deren Befestigungen für die Schweiz einmalig sind.

Was ist mit den anderen Stadtmauern geschehen, jenen, von denen heute keine Spur mehr zu sehen ist? Trotz ihres Ausbaus im 16. Jahrhundert, der durch das Aufkommen der Feuerwaffen notwendig geworden war, hatten die mittelalterlichen Befestigungen mit der Einführung der von Vauban entwickelten sternförmigen Bollwerke im 17. Jahrhundert gänzlich ausgespielt. In den beiden folgenden Jahrhunderten, die ein besonders starker Hang zur Zerstörung älterer Bauten kennzeichnet, sah man in diesen Mauern nichts mehr als einen Hemmschuh für die städtische Expansion.

Vor allem im 19. Jahrhundert setzte dann im Namen der Befreiung des Menschen jene Entwicklung ein, deren unheilvolle Folgen heute immer offensichtlicher werden. Indem der moderne Mensch die mittelalterliche Formel der Abgrenzung zwischen Siedlung und Chaos der Außenwelt verächtlich als überholt beiseiteschob, öffnete er ebenjenem Chaos Tür und Tor. Unsere polypenartig um sich greifenden Städte, die keinerlei Demarkationslinie mehr kennen, beweisen dies zur Genüge.

Es ist ein Verdienst des Flugbildes (und nicht das geringste), uns diesen Begriff der Abgrenzung selbst dort anschaulich zu machen, wo die Stadtmauern längst weichen mußten. In der Aufnahme aus schrägem Winkel im abnehmenden Licht eines späten Nachmittags taucht plötzlich, einer Erscheinung ähnlich, das vergessene Antlitz unserer alten Städte wieder auf. Wie auf einem jener alten Kupferstiche (haben nicht ein Sebastian Münster oder ein Matthäus Merian die Flugperspektive vorausgeahnt?) erfassen wir mit einem Blick die organische Einheit dieser Zellen menschlichen Lebens inmitten der formlosen Flut ihrer Umgebung. Anstelle der seit langem verschwundenen Stadtmauern ziehen sich heute Häuserzeilen hin, die auf ihre Weise nicht minder beredt von einem hartnäckigen Willen zur Selbstbehauptung gegenüber der Außenwelt zeugen. Die alten Schützengräben wurden zwar zugeschüttet, doch die Ringstraßen, die ihrem Verlauf folgen, haben ihre Funktion übernommen, indem sie den modernen Feind der alten Ortschaften und Stadtzentren, den Kraftverkehr, um sie herumleiten.

Die in diesem Kapitel gezeigten Flugbilder enthüllen uns schließlich auch einen anderen Wesenszug der mittelalterlichen Stadt, der von den modernen Städteplanern nur allzuoft außer acht gelassen wird. Gerade im Überflug erkennen wir am deutlichsten, wie sehr diese alten Zentren auf die Bedürfnisse des Menschen, auf seine Maßstäbe zugeschnitten sind, und dies ist denn auch einer der Gründe, weshalb sie zu überleben vermochten.

## *Morat (FR)*

Lorsque fut connu le choix des quatre «réalisations exemplaires» proposées par la Suisse pour l'Année européenne du patrimoine architectural 1975, on ne s'étonna pas d'y voir figurer la petite ville fribourgeoise de Morat. On dirait que le destin lui-même l'avait déjà désignée, dès sa première apparition dans les textes sous le nom de *Curtis Muratum*, pour perpétuer l'image d'une place entourée de murailles. Il n'en reste pas moins vrai que ces murailles l'entourent encore aujourd'hui sur trois des quatre côtés et sur une longueur totale dépassant cinq cents mètres. Ponctuées d'une bonne douzaine de tours saillantes et de portes fortifiées, elles représentent incontestablement le plus bel ensemble de défenses urbaines conservé depuis le moyen âge sur territoire suisse.

Pour apprécier en connaisseur les étapes de la construction des remparts (1238, 1416,...), pour comprendre leur résistance aux outrages des siècles (XV$^{e}$ et XIX$^{e}$), il n'y a pas meilleure méthode que de parcourir sur toute sa longueur le chemin de ronde qui les couronne. C'est une manière déjà de prendre de la hauteur, et la vue des toits qui se dégage à quinze mètres du sol est une pure jouissance... Mais la distance optimale d'observation, nous l'avons trouvée à deux cents mètres d'altitude. Devant la vue de la petite cité médiévale ainsi reconstituée, revitalisée et rajeunie jusque dans sa fibre, tout autre commentaire devient superflu.

## *Murten (FR)*

Als die vier Stätten bekannt wurden, die die Schweiz aus Anlaß des Europäischen Denkmalschutzjahres 1975 für «beispielhafte Leistungen» auserwählt hatte, wunderte sich niemand, darunter auch das freiburgische Städtchen Murten zu finden. Fast könnte man meinen, das Schicksal selbst habe es von seiner ersten urkundlichen Erwähnung als *Curtis muratum* an dazu bestimmt, das Bild eines von Mauern eingefaßten Platzes zu verewigen. Diese Mauern umgeben Murten heute noch auf drei der vier Seiten, und dies auf einer Gesamtlänge von mehr als fünfhundert Metern. Mit ihren Türmen und Toren bilden sie unbestreitbar die schönste geschlossene Stadtbefestigungsanlage, die uns auf schweizerischem Gebiet aus dem Mittelalter überliefert ist.

Um die verschiedenen Bauetappen dieser Mauern (1238, 1416, ...) in Augenschein zu nehmen und zu verstehen, wie sie dem Zerstörungswerk der Jahrhunderte standhalten konnten, eignet sich nichts besser als ein Gang über den Rundweg, der sie krönt – auch das ist schon eine Art, sich «in die Lüfte zu schwingen» und den Anblick der Dächer aus fünfzehn Meter Höhe als reinste Augenweide zu genießen. Doch die optimale Distanz fanden wir in zweihundert Meter Höhe. Vor dem Bild des auf diese Weise wieder zum Ganzen zusammengefügten, bis auf die Grundstruktur neuerstandenen und verjüngten mittelalterlichen Städtchens erübrigt sich jeder weitere Kommentar.

*Olten (SO)*

Malgré la profonde antinomie qui séparait le moyen âge de l'Antiquité, l'homme médiéval a su habilement tirer parti du génie romain, d'une part pour la construction de ses églises (les basiliques carolingiennes et romanes), d'autre part pour l'implantation, à l'intérieur des vieux remparts, de ses bourgades. A l'origine de l'Olten médiéval se trouvait précisément un castel du Bas-Empire, tête de pont en forme de cloche dressée sur la rive gauche de l'Aar. Comme on peut le constater ici, le comte de Frobourg qui fonda le bourg dans la première moitié du XIIIe siècle n'a pas hésité à calquer le nouveau périmètre sur l'ancien.
Mais les liens de continuité ne s'arrêtent pas pour autant au XIIIe siècle: ils se prolongent jusqu'à nos jours! Les maisons jointives, au premier plan, s'alignent sur les remparts médiévaux, dont le tracé était légèrement avancé par rapport aux défenses romaines, afin de contenir plus d'habitants. L'église primitive a disparu après les deux incendies du bourg au XVe siècle; celle qui lui a succédé a été démolie au siècle dernier, mais le clocher de 1461, véritable ombilic de la place qu'il surveillait si commodément, rappelle qu'au moyen âge il n'y avait pas de défense concevable sans le salut de l'âme.

*Olten (SO)*

Des tiefen Gegensatzes zwischen Mittelalter und Antike ungeachtet, verstand es der mittelalterliche Mensch, sich sowohl beim Bau seiner Kirchen (der karolingischen und romanischen Basiliken) wie auch bei der Anlage seiner Städte innerhalb der alten Umfassungsmauern den Genius der Römer nutzbar zu machen. Dies zeigt uns besonders deutlich das Beispiel der Altstadt von Olten am linken Aareufer, an deren Stelle sich in spätrömischer Zeit ein Kastell von glockenförmigem Grundriß erhob. Wie auf unserem Bild zu erkennen ist, übernahm der Graf von Froburg, der die mittelalterliche Siedlung in der ersten Hälfte des 13. Jahrhunderts gründete, fast unverändert den Plan des antiken Brückenkopfes.
Dieses Streben nach Kontinuität kommt auch in der heutigen Siedlung noch zum Ausdruck. Die Häuserreihe im Vordergrund folgt der Linie der mittelalterlichen Stadtmauer, die man, um mehr Bewohner im umgrenzten Raum aufnehmen zu können, der römischen leicht vorgelagert hatte. Die ursprüngliche Kirche fiel zwei Bränden zum Opfer, die die Stadt im 15. Jahrhundert heimsuchten. Das danach erbaute Gotteshaus wurde im vergangenen Jahrhundert abgerissen, doch der Glockenturm aus dem Jahre 1461, der aus den eng aneinandergefügten Häusern emporragt, ruft uns in Erinnerung, daß im Mittelalter Seelenheil und Verteidigung untrennbar miteinander verbunden waren.

## *Zofingue (AG)*

Lorsque, après avoir suivi un trajet souterrain, une rivière réapparaît brusquement à la lumière du grand jour, elle a, en général, retrouvé la pureté et la limpidité de sa source. Notre manière de découvrir Zofingue par la voie des airs relève un peu de ce phénomène bien connu de résurgence. La petite ville argovienne, fondée par un comte de Frobourg au XIIe siècle déjà, n'a jamais été, à proprement parler, perdue de vue. Seulement, plus protégée que la plupart de ses contemporaines des soubresauts de l'histoire, elle avait fini par prendre de la patine sans que l'on s'en aperçût. Le moment était donc mûr pour un regard neuf. Nous l'avons porté sur elle dans des conditions de vol et d'éclairage tout à fait particulières, et ce fut la résurgence!
Cette photo prise au coucher du soleil révèle l'un des secrets de la conservation de la place. Ce mince filet de lumière dessinant un ovale autour de la vieille ville, c'est le souvenir manifeste de la membrane protectrice des remparts à laquelle nous avons fait allusion au début du chapitre. L'exceptionnel étirement de ce périmètre évoque, lui, une grande route orientée nord-sud. Cette route existait – et existe encore. Et c'est à force d'acheminer les hommes et les marchandises le long de ce passage, encore nouveau à l'époque, que la ville médiévale a acquis sa forme définitive. Ainsi, comme tant d'autres implantations de part et d'autre des Alpes, Zofingue est en quelque sorte l'enfant de la grande voie du Saint-Gothard.

## *Zofingen (AG)*

Wenn ein Fluß nach kurzem unterirdischem Lauf erneut ans Tageslicht tritt, sind seine Wasser meist wieder so rein und klar wie die Quelle selbst. Der Anblick, den Zofingen aus der Luft bietet, reizt zu einem Vergleich mit diesem wohlbekannten Naturphänomen. Nicht daß das aargauische Städtchen, das bereits im 12. Jahrhundert von einem Grafen von Froburg gegründet wurde, jemals im eigentlichen Sinne aus dem Gesichtsfeld verschwunden wäre! Doch da die Stürme der Geschichte ihm nicht so hart zusetzten wie den meisten anderen Gründungen jener Epoche, hatte es sich fast unbemerkt mit der Patina der Gewohnheit bedeckt. Die Zeit war also reif, es mit anderen Augen zu betrachten. Wir taten dies unter ganz besonderen Flug- und Lichtverhältnissen, und siehe – Zofingen erschien uns in neuem Gewand!
Unser Flugbild, bei Sonnenuntergang aufgenommen, enthüllt eines der Geheimnisse der Erhaltung Zofingens. Der dünne Lichtstrahl, der ein Oval um die Altstadt zeichnet, deutet auf das einstige Vorhandensein jener Schutzmembran hin, die wir zu Beginn dieses Kapitels erwähnten: der Stadtmauern. Die außergewöhnliche Längsstreckung dieser Einfassung wiederum läßt an eine große Straße in Richtung Nord–Süd denken. Diese Straße gab es tatsächlich – und gibt es auch heute noch. Diesem in der damaligen Zeit noch neuen Verbindungsweg für Menschen und Waren verdankt die mittelalterliche Stadt ihre endgültige Gestalt. Wie so viele andere Siedlungen beiderseits der Alpen ist somit auch Zofingen gewissermaßen ein Kind der Gotthardstraße.

*Rheinfelden (AG)*

Une place forte défendant un pont s'inscrit très souvent dans des limites arrondies du côté terre et évasées du côté rivière. Les Romains déjà pratiquaient cette forme d'économie (un maximum de superficie défendu par un minimum d'effectifs) en bâtissant leurs camps en forme de cloche. C'est un peu la même formule que l'on retrouve ici à Rheinfelden, tête de pont médiévale dont les remparts de 1225 décrivaient un demi-cercle presque parfait de quatre cent cinquante mètres de diamètre.
Les ducs de Zähringen avaient probablement adopté un périmètre plus restreint, à vrai dire, lorsqu'ils fondèrent le bourg dans la première moitié du XII$^{e}$ siècle: Rheinfelden fut leur première création sur territoire suisse et les temps étaient bien trop instables encore pour de grandes réalisations... Ce que nous voyons sur notre image, c'est l'étendue de la place immédiatement après l'extinction des Zähringen en 1218. Cette ligne de remparts que l'on voit vers la droite – un tronçon de deux cents mètres se détachant de la zone verte périphérique – ce sont les bourgeois eux-mêmes qui la tracèrent pour marquer l'accession de Rheinfelden à la dignité de ville impériale.

*Rheinfelden (AG)*

Befestigte Plätze zur Verteidigung einer Brücke zeigen sehr oft einen Umriß, der auf der Landseite abgerundet ist und sich zum Fluß hin beidseitig ausweitet. Schon die Römer bauten ihre Lager am Wasser in solcher Glockengestalt, um einen möglichst großen Raum mit einer Handvoll Soldaten verteidigen zu können. Ungefähr dieselbe Formel finden wir bei Rheinfelden, einem mittelalterlichen Brückenkopf, dessen aus dem Jahre 1225 stammende Befestigungsmauern einen fast perfekten Halbkreis von vierhundertfünfzig Meter Durchmesser beschreiben.
Die ursprüngliche Siedlung hatte wahrscheinlich eine geringere Ausdehnung, denn als die Herzöge von Zähringen in der ersten Hälfte des 12. Jahrhunderts Rheinfelden als ihre erste Gründung auf dem Gebiet der heutigen Schweiz erbauten, waren die Verhältnisse für große und aufwendige Anlagen viel zu unsicher. Unsere Photographie zeigt das Städtchen in seiner Ausdehnung unmittelbar nach dem Untergang des Zähringergeschlechts im Jahre 1218. Die rechts im Bild sichtbare Befestigungslinie – ein Abschnitt von etwa zweihundert Meter Länge, der sich von der peripheren Grünzone abhebt – wurde einst von den Bürgern selbst gezogen, um den Aufstieg Rheinfeldens zur Reichsstadt kenntlich zu machen.

*Soleure*

Le touriste averti qui s'approche de Soleure par la rive gauche de l'Aar ne cédera pas à la tentation de pénétrer d'emblée dans l'enceinte. Car entre lui et la vieille ville se dressent des remparts de pierres, et ces remparts ne révèlent leur beauté et leur puissance qu'au visiteur qui les suit par les promenades et les boulevards qui les contournent. Avec notre mode de déplacement un peu particulier, nous avons suivi un itinéraire analogue, afin de goûter pendant de longues minutes le spectacle offert par ces murailles lorsqu'elles sont «parcourues» du haut du ciel.
L'un des premiers ducs de Zähringen avait fondé Soleure dans la première moitié du XIIe siècle, lors du *Drang nach Süden* de cette dynastie originaire du Brisgau. Mais comme à Morat qui lui est apparenté, ce ne fut que plus tard que les remparts de Soleure acquirent la taille et l'ampleur que nous admirons aujourd'hui. Le tracé de cette enceinte s'approche d'un carré dont les côtés nord et ouest sont particulièrement bien conservés. La vue aérienne laisse à peine deviner, hélas, l'emplacement exact du *castrum* romain qui devait se trouver dans l'angle sud-ouest de la ville pour défendre un premier pont en bois, situé au même emplacement que celui que l'on voit à droite de l'image. Un pont comme tant d'autres à l'époque, mais qui a eu le mérite de donner naissance «par *castrum* interposé» à une très belle ville médiévale...

*Solothurn (SO)*

Der eingeweihte Besucher, der sich Solothurn vom linken Aareufer her nähert, wird der Versuchung widerstehen, sogleich die Altstadt zu betreten, denn er weiß, daß die hohen Stadtmauern, die sie umfassen, ihre Schönheit und trutzige Wucht nur dem enthüllen, der sie auf der Außenseite umwandert. Wir sind mit unserem etwas ungewöhnlichen Transportmittel einer ähnlichen Rundstrecke gefolgt, um minutenlang den Anblick dieser Mauern aus der Luft zu genießen.
Solothurn wurde in der ersten Hälfte des 12. Jahrhunderts von einem der ersten Herzöge von Zähringen gegründet, in jenem «Drang nach Süden», der das aus dem Breisgau stammende Geschlecht auf das Gebiet der heutigen Schweiz führte. Doch wie im verwandten Murten nahmen die Stadtmauern von Solothurn erst später die Größe und Ausdehnung an, die wir heute bewundern. Sie zeichnen ein annäherndes Quadrat, dessen Nord- und Ostseite besonders gut erhalten geblieben sind. Das Flugbild zeigt leider nur andeutungsweise den Standort des römischen *castellum*, das im südwestlichen Winkel des Stadtvierecks angelegt war, um eine erste Brücke aus Holz – am gleichen Ort wie jene am rechten Bildrand – zu verteidigen. Eine Brücke wie so viele andere jener Zeit, der aber das Verdienst zukommt, mit Hilfe eines römischen Kastells einer mittelalterlichen Stadt von bezaubernder Schönheit zum Leben verholfen zu haben...

*Aarau (AG)*

Serti dans sa double monture de défense concentrique, le vieux centre urbain d'Aarau se détache admirablement de l'amalgame de constructions postmédiévales et modernes. L'enceinte intérieure, dressée au bord de la petite éminence qui défendait un premier pont, était celle tracée par le comte de Kybourg au moment de la fondation de la place, vers le milieu du XIIIe siècle. L'enceinte extérieure, en contrebas, marque l'extension du bourg au siècle suivant sous les Habsbourg. La forme à peu près circulaire de la vieille ville, si frappante sous l'éclairage du soleil couchant, rappelle la disposition analogue de la ville abbatiale de Saint-Gall. C'est la conséquence, dans les deux cas, d'une adaptation au relief et d'un besoin tout à fait logique de défendre un maximum de terrain avec un minimum de frais de construction et d'entretien de murailles.

Aujourd'hui, il ne s'agit plus, à vrai dire, que de «remparts fantômes» formés de maisons jointives de plus récente date. Notre restitution des remparts d'Aarau, encore une fois, est le fait d'un jeu d'optique tirant parti d'une lumière rasante de fin d'après-midi et d'une prise de vue oblique à très basse altitude.

*Aarau (AG)*

Der alte Stadtkern von Aarau, eingefaßt von den konzentrischen Kreisen seiner Befestigungsmauern, hebt sich klar vom Amalgam der postmediävalen und modernen Bauten ab. Die innere Ringmauer am Rande des kleinen Abhangs bezeichnet die Ausdehnung der ursprünglichen Siedlung bei ihrer Gründung um die Mitte des 13. Jahrhunderts durch die Grafen von Kyburg. Die äußere Umfassung am Fuße des Hügels entstand im Zuge der Vergrößerung der Stadt unter den Habsburgern im folgenden Jahrhundert. Die kreisförmige Anlage der Aarauer Altstadt, die im Sonnenuntergang so deutlich hervortritt, erinnert an jene von Sankt Gallen. In beiden Fällen ist sie bedingt durch die Topographie und das Bedürfnis, bei kleinstmöglichem Aufwand für Bau und Unterhalt der Mauern möglichst viel Wohn- und Lebensraum zu sichern.

In Wirklichkeit sind die hier sichtbaren Ringwälle bloß noch die «Schatten» der einstigen Mauern – sie bestehen aus aneinandergebauten Häusern jüngeren Datums. Das Wiedererstehen der Aarauer Stadtmauern auf unserem Flugbild ist einmal mehr das Ergebnis eines optischen Effekts, der sich das abnehmende Licht eines Spätnachmittags und den schrägen Blickwinkel im Tiefflug zunutze macht.

# Les deux pôles de la vie urbaine

Lorsque nous nous approchons d'une bourgade médiévale par voie terrestre, notre regard est presque sans exception attiré par le clocher de l'église paroissiale. Il en est de même pour l'approche aérienne à basse altitude. Conçu au moyen âge comme un repère pour le salut de l'homme, le clocher vu du ciel apparaît encore comme un phare veillant sur les flots rythmés des toits des maisons. L'histoire confirme que de simples sanctuaires isolés ont pu polariser autour d'eux, à l'instar des châteaux forts, des agglomérations nouvelles. Il serait intéressant d'examiner pourquoi et comment.

Depuis un temps immémorial, des cultes ont été voués aux divinités des carrefours des voies humaines. Après les Romains, l'Eglise s'empara de cette mystique, tout en l'adaptant à la nouvelle géographie des communications propre au moyen âge. Les bornes antiques renversées, voici que s'élèvent, aux croisements des chemins, à la confluence des rivières, à la jonction des vallées, des jalons d'un nouvel ordre. Mais la paroissiale flanquée de sa tour exerçait une attraction plus que morale! En encourageant l'implantation des villages et des bourgs à l'ombre des vieux sanctuaires, l'Eglise répondait incontestablement à un besoin de sécurité ressenti par les populations rurales alors en plein désarroi. Cristallisée sous la forme de rues et de maisons, cette convergence est, il faut le noter, à l'origine d'une des plus belles formes de composition urbaine que le moyen âge nous ait léguées... Mais à mesure que notre avion nous amène vers le centre du bourg, la dominante verticale du clocher s'éclipse progressivement. Un moment de flottement, puis le regard est saisi par un nouveau phénomène – une étendue géométrique bordée de maisons qui s'avère être, à l'inspection, la place du Marché.

Effacement de l'Eglise devant le Commerce! Curieuse illusion d'optique que celle-là, mais une illusion qui revêt malgré tout une valeur de parabole, comme nous le verrons dans un instant. A l'époque des fondations urbaines, ces deux domaines ne s'opposaient point, bien au contraire. Où se tenaient les premières foires patronnées par l'Eglise, sinon sur la place de l'Eglise elle-même? Le mot foire, du bas latin *feria*, est tout à fait explicite. Il

# Die beiden Pole des Stadtlebens

Wenn wir uns einem mittelalterlichen Städtchen auf dem Landweg nähern, wird unser Blick fast immer zuerst vom Turm seiner Pfarrkirche angezogen. Das gleiche gilt für die Annäherung im Tiefflug. Im Mittelalter als Wegweiser für den Heilsuchenden errichtet, erscheint der Kirchturm vom Himmel her heute noch wie ein Leuchtturm, der still über dem Häusermeer zu seinen Füßen wacht. Die Geschichte bestätigt, daß in manchen Fällen einfache, alleinstehende Andachtsstätten zum Pol neuer Siedlungen wurden, ähnlich wie andernorts die Burgen. Warum und wie?

Von jeher empfand der Mensch Wegkreuzungen als Symbole, weshalb er sie stets in seine religiösen Kulte einbezog. Die christliche Kirche übernahm diese Mystik von den Römern und übertrug sie auf die neuen Verbindungswege des Mittelalters. An Wegkreuzungen, am Zusammenlauf von Flüssen und an Taleingängen erhoben sich nun Kirchen anstelle der antiken Wegzeichen. Die Anziehungskraft, die diese von Türmen flankierten Gotteshäuser ausübten, hatte jedoch nicht nur eine religiöse Note. Indem die Kirche die Gründung von Dörfern und Städten an der Stelle der alten Heiligtümer förderte, entsprach sie unleugbar einem Sicherheitsbedürfnis der ländlichen Bevölkerung jener durch tiefgreifende Umwälzungen gekennzeichneten Epoche. Auf diese Konvergenz des Religiösen und des Weltlichen geht eine der schönsten städtebaulichen Formen zurück, die uns aus dem Mittelalter überliefert sind.

Je mehr wir uns im Fluge dem Stadtkern nähern, desto rascher tritt die vertikale Dominante des Kirchturms zurück, um schließlich den Blick auf ein neues Element freizugeben – eine von Häusern umgebene geometrische Fläche, die sich bei näherem Hinsehen als Marktplatz entpuppt.

Zurücktreten der Kirche hinter dem Handel? Eine optische Täuschung, zweifellos, aber eine, die, wie wir bald sehen werden, eines gewissen Gleichniswerts nicht entbehrt. Zur Zeit der Städtegründungen bildeten diese beiden Sphären durchaus keinen Gegensatz. Vielmehr wurden die ersten Märkte nirgends anders abgehalten als auf dem Kirchplatz selbst. Der sich oft über mehrere Wochen

désignait la fête, celle du saint patron de la localité, jour férié tout indiqué pour l'ouverture de la vente, qui durait parfois des semaines entières. Même pendant le reste de l'année, l'église et le marché constituaient les deux pôles d'un même microcosme autour desquels circulait une vie intense puisée, justement, à cette double source.

La situation de la place du Marché dans la topographie urbaine mérite donc d'être examinée à son tour. Le moyen âge, avec sa logique tout à lui, ne respectait guère la tradition gréco-romaine de l'agora-forum en plein centre de la localité. Dans la majorité des bourgs que nous avons survolés, cette place se trouve en bordure du noyau urbain, soit juste à l'intérieur, soit à l'extérieur d'une porte d'enceinte primitive. Dans ce dernier cas – la place des Vignerons à Vevey et le Marktplatz de Bâle en sont de bons exemples – elle marque alors dans les constructions une nette césure, à partir de laquelle s'étendent les faubourgs marchands et artisanaux du bas moyen âge et des temps modernes.

La vue aérienne offre ici une image synoptique d'une réalité qui est le résultat, effectivement, du travail de plusieurs siècles. La greffe du marché aux portes du bourg représente, dans tous les cas, l'annonce d'un ordre nouveau. Sur le noyau primitif concentrique et replié sur lui-même poussait alors une branche large et droite – la rue du Marché – ouverte sur le monde extérieur. Elle entraîna dans son passage, car elle était extensible à souhait, un véritable bourgeonnement de nouveaux quartiers.

Cette métamorphose du réseau urbain au cours des derniers siècles du moyen âge nous révèle un glissement, sinon un changement de polarité, dans les mœurs. Quoi de plus significatif que l'apparition sur nos places de marché d'une nouvelle forme de tour: ni tour forte, ni clocher d'église mais beffroi municipal, emblème d'une bourgeoisie affranchie une fois pour toutes de l'autorité féodale et ecclésiastique.

L'on entendait désormais (comme on entend encore dans nos vieilles bourgades) deux sons de cloches bien distincts! Le frêle tintement du vieux clocher sur la colline appelait, comme auparavant, les fidèles aux saints offices; les coups saccadés du beffroi municipal, signe des temps nouveaux, articulaient le passage des heures sur la grande horloge de la place – les heures du temps profane des labeurs et des loisirs des hommes.

erstreckende Verkauf begann jeweils mit dem Fest des Schutzheiligen der betreffenden Ortschaft, worauf noch heute der Ausdruck «Kirchweih» oder «Kirmes» für Jahrmarkt hindeutet. Ganz allgemein bildeten Kirche und Markt die beiden Pole eines einzigen Mikrokosmos, um welche das aus eben dieser zweifachen Quelle schöpfende Leben pulsierte.

In späterer Zeit änderte der Markt seinen Standort innerhalb des Stadtgefüges – ihm wurde ein eigener Platz zugeteilt. Das Mittelalter mit seiner eigenen Logik hielt sich nur sehr selten an die griechisch-römische Tradition der Agora oder des Forums im Stadtmittelpunkt. In den meisten Siedlungen, die wir überflogen haben, befindet sich der Marktplatz am Rande der Kernzone, entweder unmittelbar vor oder hinter einem einstigen Stadttor. Im letzteren Fall – die Place des Vignerons in Vevey und der Marktplatz von Basel sind gute Beispiele dafür – markiert er eine klare Zäsur in der bebauten Fläche, an die sich die von Kaufleuten und Handwerkern bewohnten Vororte des späten Mittelalters und der Neuzeit anschließen.

Die Flugaufnahme gibt hier das synoptische Bild einer Wirklichkeit wieder, die eigentlich das Ergebnis einer jahrhundertelangen Entwicklung ist. Die Verlegung des Marktes an die Stadttore kündigte in jedem Fall den Beginn einer neuen Ordnung an. Aus dem ursprünglichen, ganz in sich geschlossenen Kern wuchs nun, einem Keimling gleich, eine breite, gerade, zur Außenwelt hin geöffnete Straße – die Marktgasse. Beliebig verlängerbar, wurde sie zur Lebensader einer ganzen Reihe neuer Stadtviertel.

Diese Wandlung des Stadtbildes im Laufe der letzten Jahrhunderte des Mittelalters enthüllt eine Schwerpunktverlagerung, eine Polaritätsänderung gewissermaßen, im Leben der städtischen Gemeinschaft. Es gibt hier kaum etwas Bezeichnenderes als das Auftauchen einer neuen Art von Turm auf unseren Marktplätzen, weder zur Burg noch zur Kirche gehörig, sondern zum Rathaus, Wahrzeichen des für alle Zeiten von der Feudalherrschaft und von der kirchlichen Autorität befreiten Bürgertums.

Von da an erklangen (und erklingen in unseren alten Städtchen bis heute) zwei grundverschiedene Glockentöne – das feine Geläut' vom alten Kirchturm auf dem Hügel, das wie ehedem die Gläubigen zum Gottesdienst rief, und die harten Schläge der Rathausuhr, Symbol und Zeugnis einer neuen, dem Irdischen zugewandten Zeit.

*Saint-Ursanne (Jura)*

Blottie au fond de la vallée du Doubs contre la falaise, enfermée sur elle-même par sa courtine annulaire d'habitations et de bâtiments religieux, Saint-Ursanne offre l'une des plus saisissantes évocations de bourgade médiévale que l'on puisse encore rencontrer en ce pays. Comme ce fut le cas de nombreuses autres villes conventuelles, ses origines étaient fort modestes. En ces temps ténébreux du VIIe siècle, il ne fallait rien de plus qu'une humble cellule d'ermite pour consacrer des terres désertes... et y attirer une première communauté religieuse. Le saint ermite Ursicinus choisit ces lieux pour «fuir le siècle», et les treize cents ans d'histoire mouvementée qui se sont depuis lors écoulés n'ont toujours pas effacé le sens profondément spirituel de son geste.
Au commencement donc, il y eut une cellule, puis une sépulture. Vinrent ensuite une succession d'églises, édifiées au même endroit pour abriter les reliques. Enfin s'implanta un bourg, notre bourg, dont le plan rayonnant autour de l'église collégiale ramène inexorablement, par-delà le temps, au foyer originel. Mais pour avoir éternisé, en quelque sorte, cette ascendance religieuse, le réseau des rues et des habitations n'en témoigne pas moins d'une évolution de la pensée. Création du bas moyen âge, le quartier artisanal et marchand qui s'amorce tout à droite du pont affecte un plan caractéristique en damier. La greffe a si bien pris que la distinction n'est guère apparente, sinon du haut du ciel.

*Saint-Ursanne (Jura)*

Im tiefen Einschnitt des Doubstals gegen den Fels geschmiegt und durch den abgrenzenden Ring seiner Häuser und Sakralbauten ganz in sich selbst eingeschlossen, bietet St-Ursanne eines der faszinierendsten Bilder mittelalterlicher Städtchen, die man in der Schweiz finden kann. Wie viele andere Klostersiedlungen geht auch diese hier auf sehr bescheidene Anfänge zurück. In der fernen Zeit des 7. Jahrhunderts genügte oft eine einfache Einsiedlerklause, um verlassenen Gegenden den Stempel erhabener Weihe aufzudrücken – und eine religiöse Gemeinschaft entstehen zu lassen. In unserem Fall war es die Klause des heiligen Bruders Ursicinus, der sich in seinem Wunsch nach Weltentsagung hier niedergelassen hatte. Selbst die dreizehn Jahrhunderte bewegter Geschichte, die seither verflossen sind, haben den tiefreligiösen Sinn seines Handelns nicht zu verwischen vermocht.
Am Anfang war somit eine Klause, dann eine Grabstätte. Später folgte eine Kirche zur Verwahrung der Reliquien und schließlich eine Siedlung rund um das zentrale Heiligtum, die Stiftskirche, zu der heute noch, über die Zeiten hinweg, alle Radialstraßen zurückführen. Doch obwohl sie auf diese Weise gewissermaßen den religiösen Ursprung des Städtchens symbolisiert, läßt die Anlage doch auch einen Wandel erkennen. Das im Spätmittelalter entstandene Handwerker- und Handelsviertel rechts der Brücke weist bezeichnenderweise einen rechteckigen Grundriß auf. Die beiden Elemente gehen jedoch so unmerklich ineinander über, daß sie nur aus der Luft unterschieden werden können.

*Cossonay (VD)*

Comme celui de Lutry (p. 37), le noyau primitif de Cossonay affecte un plan presque semi-circulaire. Est-ce donc une pure coïncidence si, avant même la naissance de ces deux localités, il existait là des prieurés bénédictins et si, au moment de la fondation des bourgs, au XIIIe siècle, le prieuré de Cossonay était une dépendance de Saint-Martin de Lutry? Mais l'analogie s'arrête là, et un regard plus pénétrant révèle des disparités dont il faut tenir compte.
La première et la plus évidente de ces dissemblances porte sur la situation même des deux bourgs: Cossonay, ville perchée, domine de très haut la vallée de la Venoge, tandis que Lutry, ville portuaire, s'ouvre sur le lac Léman. Beaucoup plus nuancée est la question des fondateurs. Cossonay est la création d'une grande dynastie laïque, Lutry a été fondé par les évêques de Lausanne, mais on chercherait en vain dans la trame des rues de ces deux implantations un reflet quelconque de cette différence d'origine. Il ne pouvait pas en être autrement: ils durent se résigner à des positions en périphérie. Ainsi, depuis les origines jusqu'aux temps présents, c'est l'humble église priorale qui l'a emporté sur le château fort: en polarisant autour d'elle, comme la photographie aérienne de Cossonay le révèle, les rangées successives de maisons concentriques.

*Cossonay (VD)*

Wie Lutry (S. 37) zeigt auch der alte Kern von Cossonay einen annähernd halbkreisförmigen Grundriß. Zweifellos ist dies mehr als nur ein Zufall, denn noch vor dem Entstehen der beiden Ortschaften bestand hier wie dort eine Benediktinerpriorei, und zum Zeitpunkt der Gründung der Siedlungen im 13. Jahrhundert war die Priorei von Cossonay eine Dependenz von St-Martin zu Lutry. Doch hier hört die Verwandtschaft auf, und bei genauerer Betrachtung entdecken wir bedeutsame Unterschiede.
Der wichtigste und offensichtlichste liegt in der geographischen Lage der beiden Siedlungen. Cossonay ist eine Hügelstadt hoch über dem Venoge-Tal, Lutry eine Hafenstadt am Genfersee. Ein weiterer, viel weniger deutlich zutage tretender Unterschied betrifft die Gründer. Während Lutry von den Bischöfen von Lausanne erbaut wurde, ist Cossonay die Schöpfung einer mächtigen weltlichen Dynastie. Man würde in der Anlage der beiden Siedlungen allerdings vergeblich nach irgendwelchen Spuren dieses unterschiedlichen Ursprungs suchen, denn die Herren von Cossonay mußten sich hier mit einer untergeordneten Position begnügen. Nicht die Burg, sondern – unser Flugbild zeigt es – die einfache Prioreikirche wurde zum Pol der Siedlung, um den sich in konzentrischen Halbkreisen die Häuser gruppieren.

*Payerne (VD)*

Ce cône de déjection au milieu de la plaine de la Broye était, à l'époque de la construction de la grande église abbatiale, l'ombilic d'un assez vaste royaume. Les frontières de la Haute-Bourgogne, dont Payerne était le centre géographique, s'étendaient, en effet, de la Saône à l'Aar et du val d'Aoste au Haut-Rhin. Au seuil de l'époque romane, le prestige du sanctuaire était tel que l'empereur lui-même, héritier du royaume, se fit couronner en 1033 entre ses murs...
Le bourg abbatial du XIIIe siècle nous réserve des surprises. Vu au niveau du sol, il s'efface en quelque sorte devant l'église romane, qui affirme encore la préséance du spirituel dans la pensée des fondateurs. Mais le survol aérien aplanit ces hiérarchies, rabat les contours de la colline consacrée par l'évêque Marius et étend sous notre regard des rues et des places dont l'ordonnance ressemble curieusement à celle d'une ville marchande de tradition antique!
Le marché de Payerne, à vrai dire, serait aussi ancien que l'église abbatiale: il pourrait remonter au Xe siècle. Son emplacement primitif était vraisemblablement sur la colline, droit devant le narthex, car les fidèles ne faisaient pas encore trop de distinction entre le sacré et le profane. La descente de ce marché jusque dans la rue – une large rue rectiligne au nord de la colline, invisible sur notre photo – marqua dès le XIIIe siècle une nette césure entre les zones d'influence de la bourgeoisie et de l'Eglise. Signe des temps nouveaux, la vieille abbatiale, désaffectée à l'époque de la Réforme, finit par être enclose dans un château bernois et le tout fut isolé par le vaste parking (au premier plan), espace libre de toute attache féodale ou ecclésiastique.

*Payerne (VD)*

Der Aufschüttungskegel in der Broye-Ebene war zur Zeit der Errichtung der großen Abteikirche Mittelpunkt eines ausgedehnten Reiches. In der Tat erstreckte sich das Königreich Hochburgund, dessen Hauptstadt und geographisches Zentrum Payerne war, von der Saône bis an die Aare und vom Aostatal bis zum Oberrhein. An der Schwelle des Zeitalters der Romanik stand das Gotteshaus in so hohem Ansehen, daß der Kaiser selbst, Erbe des Königreichs, sich 1033 in seinen Mauern krönen ließ.
Die Klostersiedlung des 13. Jahrhunderts jedoch wartet mit einer Überraschung auf. Vom Boden aus betrachtet, scheinen die Profanbauten hinter der romanischen Kirche zurückzutreten, die hier noch den Vorrang des Geistigen im Denken der Gründer dokumentiert. Doch in der Vogelperspektive verflacht diese Hierarchie. Der von Bischof Marius geweihte Kirchhügel wird gewissermaßen eingeebnet und gibt den Blick auf Straßen und Plätze frei, deren Gliederung seltsamerweise an jene einer antiken Handelsstadt erinnert.
Der Markt von Payerne ist möglicherweise ebenso alt wie die Abteikirche selbst – er soll bereits im 10. Jahrhundert entstanden sein. Sein einstiger Standort war vermutlich der Platz unmittelbar vor der Kirche, denn in jener Zeit gab es für den Gläubigen noch keine klare Trennung zwischen weltlichen und sakralen Dingen. Seine Verlegung in den unteren Teil des Städtchens – an die breite, geradlinige Marktstraße am Nordfuß des Kirchhügels (auf dem Bild nicht sichtbar) – kündete dann aber im 13. Jahrhundert eine deutliche Zäsur zwischen den Einflußbereichen des Bürgertums und der Kirche an.

*Beromünster (LU)*

A la manière des «topographies» gravées il y a trois siècles par Matthieu Merian, notre illustration est une vue cavalière de cette vieille localité dont le nom évoque à la fois son monastère – le *Münster* – et son fondateur, le comte Bero d'Argovie, aïeul de la dynastie des Lenzbourg. Le point de vue aérien souligne le caractère presque cristallin du lieu, comme si nous nous trouvions devant un phénomène de concrétion naturelle qui aurait mis des siècles à s'accomplir. Et, en effet, c'est un peu comme cela que les choses se sont passées.
Au départ du processus, le noyau carré vers la gauche de notre image: la basilique romane et son cloître. Au cours du moyen âge, puis à l'époque baroque, le sanctuaire fut agrandi, tandis que les maisons des chanoines venaient s'implanter sur les quatre flancs de l'enclos monastique. Les murs et les fossés qui entouraient celui-ci disparurent, mais l'on devait encore aligner à leur image une rangée d'habitations périphériques en bas de la colline.
Le processus de cristallisation s'arrêta là. Prenant son départ à l'entrée même de l'enclos, la large rue rectiligne, visible en haut à droite, descend la pente et attire avec elle un alignement de maisons d'un tout autre ordre. Elle nous rappelle, encore mieux que les textes, que Beromünster au moyen âge était aussi le centre d'un marché et que le rôle principal d'un marché, alors comme aujourd'hui, était de s'ouvrir sur le monde.

*Beromünster (LU)*

Einem Kupferstich von Matthäus Merian vergleichbar, gibt unser Flugbild eine perspektivische Ansicht jener alten Ortschaft, deren Name zugleich auf ihr Kloster – das *Münster*, von lat. *monasterium* – und auf ihren Gründer, Bero vom Aargau, Ahnherr des Geschlechts der Lenzburger, hindeutet. Diese Ansicht macht den beinahe transparenten Charakter des Ortes besonders augenfällig, dessen Anordnung das Ergebnis eines jahrhundertelangen natürlichen Kristallisationsprozesses zu sein scheint. Und dies entspricht auch der historischen Wirklichkeit.
Ausgangspunkt des Kristallisationsvorganges war die viereckige Kernzone in der Mitte des Bildes: die romanische Basilika und ihr Kloster. Im weiteren Verlauf des Mittelalters und in der Barockzeit wurde die heilige Stätte vergrößert, wobei auf den vier Seiten des klösterlichen Bezirks Wohnsitze für die Stiftsherren entstanden. Die Mauern und Gräben, die diesen Bezirk einfaßten, verschwanden später, doch sollte nach ihrem Vorbild am Fuß des Hügels eine Reihe peripherer Bauten errichtet werden.
Hier fand die Verdichtung ein Ende... Vom Eingang des Klosterbezirks selbst ausgehend, führt eine breite, gradlinige Straße – im Bild oben rechts – den Hang hinunter, flankiert von Häusern ganz anderer Art. Sie zeigt uns deutlicher noch als jede Urkunde, daß Beromünster im Mittelalter auch ein Marktort war und daß als wichtigste Voraussetzung für einen Markt immer schon seine Öffnung gegenüber der Außenwelt galt.

*Lutry (VD)*

Par la forme de ses remparts et de ses rues, le vieux bourg lémanique de Lutry illustre parfaitement cette polarité de la vie urbaine que nous avons évoquée au début du chapitre. Le pôle générateur du noyau primitif d'habitations n'est pas difficile à trouver: c'est l'ancienne église priorale, mentionnée en 1025 déjà, qui occupe le foyer de la localité. Le tracé semi-circulaire des remparts, commencés sous l'épiscopat de Berthold de Neuchâtel au XIII$^{e}$ siècle, est encore parfaitement reconnaissable à l'alignement des toits.
Malgré sa position toute recroquevillée autour de l'église, le bourg n'en était pas moins, dès l'origine, une étape de route ouverte sur le monde. On la voit encore, cette ancienne route du lac, qui traverse d'un bout à l'autre la localité, tandis que la route moderne passe en haut du village. C'est dans le prolongement de l'artère primitive que l'on remarque, vers la gauche, la greffe d'un faubourg marchand, nouveau pôle d'attraction et centre d'animation de la vie des habitants au bas moyen âge. La vue aérienne juxtapose et harmonise tout cela derrière la ligne des quais et la rade du port de plaisance, signes, si l'on veut, d'un nouveau glissement du centre de gravité provoqué par une civilisation des loisirs.

*Lutry (VD)*

Die Anordnung der Befestigungsmauern und Straßen des alten Genferseestädtchens Lutry veranschaulicht sehr gut jene Polarität des Stadtlebens, von der zu Beginn dieses Kapitels die Rede war. Der Mittelpunkt der ursprünglichen Siedlung ist nicht schwer zu finden – es ist die ehemalige Prioreikirche, deren Existenz bereits 1025 urkundlich belegt ist. Am Verlauf der Dächer erkennen wir noch deutlich die halbkreisförmige Linie der Stadtmauer, mit deren Bau im 13. Jahrhundert unter dem Episkopat Berchtolds von Neuenburg begonnen wurde. Obwohl Lutry das Bild einer ganz in sich gekehrten, auf die Kirche in ihrem Kernpunkt ausgerichteten Siedlung bietet, war es doch von Anfang an ein weltoffener Ort. Die einstige Durchgangsstraße – die nunmehr von der modernen Straße oberhalb des Städtchens abgelöst wurde – ist heute noch zu sehen. In der Verlängerung dieser ursprünglichen Achse, die die Ortschaft in ihrer ganzen Länge durchzieht, bemerken wir links im Bild eine Handelsvorstadt, die im späten Mittelalter zum neuen Pol des städtischen Lebens wurde. Im Flugbild verschmelzen alle diese Elemente zu einer harmonischen Einheit jenseits der Seepromenade und des Segelhafens, die gewissermaßen eine neuerliche Verschiebung des Gravitationszentrums ankünden, diesmal im Zeichen der modernen Freizeitzivilisation.

*Aarberg (BE)*

Aarberg, comme ses sœurs Büren-sur-l'Aar, Altreu et Le Landeron (p. 39), appartient au type de la bourgade médiévale conçue en tout premier lieu comme poste de péage et marché régional. Située entre deux anciens bras de l'Aar franchis par des ponts en bois, elle était en quelque sorte prédestinée au contrôle et à l'écoulement des marchandises. Le comte Ulrich III de Neuchâtel qui la fonda vers1220 la dota donc d'une grande place de marché entourée d'une simple rangée de maisons. Oubliées, pour une fois, les prérogatives spirituelles et seigneuriales! L'église et l'ancien château comtal occupaient des positions un peu éclipsées dans l'angle sud de la place, vers la droite de notre image.
Les bourgeois, qui semblent avoir eu le premier mot dans une telle fondation, ont certainement eu le dernier: le château des fondateurs est aujourd'hui leur hôtel de ville.

*Aarberg (BE)*

Aarberg gehört wie seine Geschwister Büren an der Aare, Altreu und Le Landeron (S. 39) zu jenen mittelalterlichen Städtchen, die in erster Linie die Funktion einer Zolleinnehmerei und eines Regionalmarktes zu erfüllen hatten. Zwischen zwei Armen der Aare erbaut, über die damals Holzbrücken führten, war es zur Kontrolle des Güterverkehrs und zum Gütervertrieb wie geschaffen. Graf Ulrich II. von Neuenburg, der die Siedlung um 1220 gründete, gab ihr daher einen großen Marktplatz, der von einer einfachen Häuserreihe umgeben war. Diesmal traten also die Prärogativen von Geistlichkeit und Adel in den Hintergrund! Die Kirche und die gräfliche Burg begnügten sich mit etwas zurückgezogenen Standorten im südlichen Winkel des Marktplatzes (rechts im Bild).
Das Bürgertum, das bei dieser Stadtanlage das erste Wort hatte, behielt auch das letzte: Die Burg der Gründer dient ihm heute als Rathaus!

*Le Landeron (NE)*

Situé dans la plaine de la Thièle, près de l'embouchure de cette rivière dans le lac de Bienne, à l'écart des grandes routes, Le Landeron coule une paisible existence de retraité de l'Histoire. Refermé sur son unique place de marché, il n'accueille plus que des touristes avides de goûter le pittoresque de ses fontaines et de ses façades restées inviolées malgré le passage du temps. Rien de visible au sol, rien non plus de perceptible depuis le ciel ne permet de deviner le véritable enjeu féodal engagé, voici six siècles et demi, autour de sa fondation.
Le futur site du Landeron n'était alors qu'un terrain marécageux à la frontière entre le comté de Neuchâtel et la pointe méridionale des terres de l'évêque de Bâle. Frontière bien fluide, c'est le cas de le dire, car les deux forces entrées en lice n'avaient encore rien bâti à l'époque pour manifester leur présence. Jusqu'au jour où les comtes fondèrent, à l'est de notre site, un bourg frontalier du nom de Nugerol. Réaction de l'évêque: la construction d'un château fort surplombant pour ainsi dire Nugerol et, aux portes mêmes de ce bourg, la création de leur propre ville frontière, La Neuveville. Nugerol dut donc être abandonné, mais les comptes ripostèrent à leur tour en fondant, en 1325, le bourg que nous avons sous les yeux.

*Le Landeron (NE)*

In der Zihl-Ebene gelegen, unweit der Mündung dieses Flusses in den Bielersee, träumt das Städtchen Le Landeron, unberührt vom Strom des Autoverkehrs und der Zeit, friedlich vor sich hin. Den Blick nach innen, auf seinen langgestreckten Marktplatz gewandt, empfängt es in seinen Mauern bloß noch Touristen auf der Suche nach malerischen Brunnen und unverfälscht erhaltenen Häuserfassaden. Weder am Boden noch aus der Luft ist in dieser alten Ortschaft etwas zu entdecken, was auf die Fehde um ihre Gründung vor sechseinhalb Jahrhunderten hindeuten würde.
In jener Zeit war der Standort von Le Landeron ein unbewohntes Sumpfgebiet an der Grenze zwischen der Grafschaft Neuenburg und den Ländereien der Bischöfe von Basel. Dabei ist allerdings zu sagen, daß diese Grenze keineswegs genau abgesteckt war, hatten doch die beiden nun in Aktion tretenden Kräfte ihre Ansprüche bis dahin durch keinerlei Bauten kundgetan. Die Fehde begann mit der Gründung einer Grenzsiedlung namens Nugerol östlich des fraglichen Gebiets durch die Grafen von Neuenburg. Der Bischof beantwortete dies mit dem Bau einer Burg praktisch unmittelbar über Nugerol und einer eigenen Grenzsiedlung – Neuenstadt – direkt vor den Toren der gräflichen Ortschaft. Nugerol mußte daher aufgegeben werden, doch die Neuenburger rächten sich dafür 1325 mit der Gründung des Städtchens, das wir hier vor Augen haben.

*Bischofszell (TG)*

C'est avec la cellule d'un ermite – saint Ursanne – que nous avons ouvert ce chapitre, c'est par la cellule d'un évêque – *Bischofszelle* – que nous le fermons. Cet évêque, Salomon Ier, occupait le trône épiscopal de Constance vers le début du Xe siècle. Raison de plus, en ces temps troublés des raids hongrois, de se ménager, dans l'arrière-pays thurgovien, une «cellule», une retraite pour lui-même et pour sa cour. Ainsi est né le premier sanctuaire de Bischofszell, précurseur de l'église collégiale qui domine aujourd'hui la place au sommet de la colline.
Quant à l'anneau d'habitations jointives enfermant la place, nous y retrouvons un lointain reflet de la communauté de chanoines séculiers qui organisèrent, aux XIIe et XIIIe siècles, l'implantation urbaine.
C'est par leur entremise notamment que les évêques purent poursuivre à Bischofszell, comme à Arbon et à Tanegg, leur politique de confinement face aux prétentions territoriales de leurs voisins et rivaux, les abbés de Saint-Gall.
De simple retraite spirituelle, voici donc notre «cellule» transformée successivement en une place forte cernée de murailles (l'*oppidum* cité en 1248) et en une ville marchande dotée de privilèges économiques (le *forum* de 1285, devenu le quartier de l'Hôtel-de-Ville dont on voit l'amorce à droite de l'image). Aujourd'hui ville baroque par son architecture, Bischofszell n'en reste pas moins articulée entre les deux pôles, les deux centres de gravité que le moyen âge lui a légués.

*Bischofszell (TG)*

Haben wir dieses Kapitel mit der Zelle eines Einsiedlers – Saint-Ursanne – begonnen, so beschließen wir es nun mit der Zelle eines Bischofs. Dieser Bischof, Salomon I., stand zu Beginn des 10. Jahrhunderts dem Bistum Konstanz vor. Jene unruhige Zeit der ungarischen Einfälle war zweifellos mitbestimmend für die Gründung einer «Zelle», eines Refugiums für den Bischof und sein Gefolge, im thurgauischen Hinterland. Auf diese Weise entstand die erste gottgeweihte Stätte auf der Anhöhe von Bischofszell, an deren Stelle sich heute die Stiftskirche erhebt.
Der um die Kirche angelegte Häuserring geht auf die Gemeinschaft der Stiftsherren zurück, die im 12. und 13. Jahrhundert die städtische Siedlung aufbauten. Ihrem Wirken ist es zu einem guten Teil zu verdanken, daß sich die Bischöfe von Konstanz sowohl in Bischofszell als auch in Arbon und Tanegg gegenüber den Gebietsansprüchen ihrer Nachbarn und Rivalen, der Äbte von St. Gallen, zu behaupten vermochten.
Vom einfachen geistlichen Zufluchtsort entwickelte sich Bischofszell zunächst zu einem befestigten Platz (dem 1248 urkundlich erwähnten *oppidum*) und danach zu einer mit wirtschaftlichen Privilegien ausgestatteten Handelsstadt (dem *forum* von 1285, das im Rathausquartier, rechts im Bild, weiterlebt). Bischofszell, obwohl heute seiner Architektur nach eine Barockstadt, ist nach wie vor durch jene Polarität gekennzeichnet, wie sie für das Mittelalter so charakteristisch war.

# La trame et la texture des rues

Citez le nom d'Yverdon ou de Thoune à un connaisseur du moyen âge et il vous parlera de châteaux forts; de Fribourg ou de Saint-Gall et il évoquera de célèbres églises. Certes, il n'aura pas tort et pourtant dans les deux cas ce sont des images bien incomplètes de notre patrimoine médiéval. Et si l'on prenait un peu de recul et regardait pour une fois *l'ensemble* architectural de nos vieux centres? L'expérience en vaut la peine: autant que la forteresse ou l'église, les bourgs et vieilles villes de Suisse portent le sceau d'une authentique recherche artistique à tous points de vue digne d'admiration aujourd'hui.

Nous ne sommes pas les premiers à le dire! Lorsque, au cours de son voyage de 1779, Gœthe déclara que Berne était la plus belle ville qu'il eût jamais vue, c'était, à n'en pas douter, le poète plus encore que le «touriste» qui parlait! On conçoit l'envol naturel de son esprit atteignant sans effort cette élévation d'où le regard peut saisir, dans le cadre naturel d'une boucle de rivière, la parfaite unité de cette ville. Superflu pour l'âme poétique, l'avion n'en reste pas moins le meilleur moyen pour nous autres profanes de reconnaître aujourd'hui l'une des sources de la beauté de nos villes médiévales, à savoir leur relation avec le terrain.

Le plan de fondation d'une ville neuve était en premier lieu l'expression d'une idée de son fondateur. Ce plan devait donc respecter les hiérarchies sociales et politiques établies: dominantes féodales et religieuses sur les hauteurs, ouvertures commerciales en forme de rues et de places sur terrain plat en bas, quartiers artisanaux et hospices en périphérie. Mais, comme on l'a fort judicieusement remarqué: «semblable à un tissu extensible, (ce plan préconçu) prenait sa forme concrète dès qu'il se moulait sur une position donnée»[1]. La diversité de la topographie en ce pays, encore une fois, est à l'origine de la grande variété des solutions adoptées.

Le schéma le plus élémentaire – un simple alignement de maisons de chaque côté d'une rue, le *Strassendorf* alémanique – n'a rien de spécifiquement médiéval: on le trouve dans toutes les cultures du monde à partir du néolithique. Son application en Suisse aux terrains les plus variés, là où il fallait acheminer le trafic, par exemple le long d'une

# Gewebe aus Straßen und Gassen

Man nenne einem Kenner des Mittelalters Städtenamen wie Thun und Yverdon, und er wird von Schlössern erzählen; oder Sankt Gallen und Freiburg, und er wird deren Kirchen rühmen. Gewiß hat er nicht unrecht, doch ergibt sich daraus ein recht unvollständiges Bild unseres städtebaulichen Erbes aus dem Mittelalter. Wie, wenn wir einmal etwas Abstand nähmen, um unsere alten Zentren als architektonisches *Ganzes* zu betrachten? Das Experiment lohnt sich, denn die mittelalterlichen Siedlungen der Schweiz tragen, nicht weniger als die Burg und die Kirche, den Stempel echten künstlerischen Strebens, das in jeder Hinsicht Bewunderung verdient.

Wir sind keineswegs die ersten, die so denken. Als Goethe auf seiner Schweizer Reise im Jahre 1779 sagte, Bern sei die schönste Stadt, die er je gesehen habe, so war das zweifellos nicht bloß eine Höflichkeitsfloskel, sondern entsprang dem aufrichtigen Empfinden seines dichterischen Gemüts. Die vollkommene Einheit dieser Stadt in ihrem natürlichen Rahmen, einem Flußknie der Aare, offenbarte sich ihm ganz von selbst, in jenem schwerelosen Höhenflug des Geistes, wie er dem Poeten eigen ist. Für uns Erdgebundene aber ist das Flugzeug heute das beste Mittel, dem Geheimnis der Schönheit unserer mittelalterlichen Städte auf die Spur zu kommen. Es liegt vor allem auch in ihrem Bezug zum Gelände.

Im Bauplan einer neuen Stadt kamen in erster Linie die Vorstellungen ihres Gründers zum Ausdruck. Die gesellschaftliche und die politische Hierarchie wurden weitgehend berücksichtigt: feudale und kirchliche Dominanten auf der Anhöhe, Handels- und Bürgerstadt mit Straßen und Plätzen in der tiefergelegenen Flachzone, Handwerkerviertel und Hospizien an der Peripherie. Doch nahm dieses einem dehnbaren Gewebe vergleichbare Grundschema, wie Paul Hofer es so treffend ausdrückte, seine konkrete Form erst mit der Übertragung auf einen gegebenen Standort an.[1]) Die Verschiedenheit der topographischen Verhältnisse in der Schweiz erklärt denn auch, wie schon gesagt, die außerordentliche Vielfalt der Lösungen.

Das einfachste Schema – das aus zwei Häuserreihen beiderseits einer Verkehrsader bestehende Straßendorf – hat

crête – le haut bourg de Moudon – ou d'une rive de lac – Rolle (p. 45) – révèle sa souplesse lorsqu'il est modelé par les urbanistes du moyen âge.

Le schéma d'îlots disposés en damier hérité des villes coloniales et des camps romains paraît, par contraste, d'une rigueur sans appel – Neunkirch (p. 47). Convenant surtout aux pays plats, il devait subir d'étonnantes entorses pour entrer dans les périmètres irréguliers des villes neuves du Plateau suisse – Payerne (p. 35), Altstätten.

Mais l'esprit inventif du moyen âge ne se contente pas toujours d'une adaptation: il sait créer aussi. Et sa plus belle création est incontestablement le schéma radioconcentrique, pour reprendre le terme de Lavedan, où rues et ruelles gravitent autour d'un pôle d'attraction placé souvent sur une éminence. Les variantes, encore une fois, sont légion en ce pays. Ovales, croissants, éventails, voire cloches et fuseaux s'harmonisent admirablement avec les formes des collines qui les ont, en quelque sorte, enfantés. Ce que nous saisissons aujourd'hui par la photo aérienne est, bien entendu, une image du plan primitif agrandi et altéré par les siècles. Ces mêmes rues qui, dans des prises de vue verticales, s'enchevêtrent à la manière d'une tapisserie abstraite révèlent bien, par le truchement des prises obliques, les déformations subies depuis leur première implantation. Voici qu'un changement d'axe atteste la greffe d'un faubourg ou qu'un élargissement de rue signale le lieu d'une rupture de charge dans le transport des marchandises. Des déchirures, des reprises, des clivages jusque dans la trame du tissu urbain évoquent les incendies et les guerres qui ravagèrent les villes pendant les dernières décennies du XV^e^ siècle et au seuil des temps modernes.

C'est grâce à l'emploi systématique de la pierre – pour écarter la menace d'incendie – dans les grandes reconstructions urbaines de cette époque que les bourgs et les vieux centres nous sont parvenus dans les formes consacrées par la tradition médiévale. Au niveau de la rue, il est vrai, nos cités patriciennes et nos villes baroques semblent tourner résolument le dos à leur passé. La photo aérienne, ignorant l'architecture des façades et concentrée davantage sur l'alignement des toits, joue ici le rôle d'un filtre... pour mieux nous restituer la toile de fond: la trame et la texture de l'urbanisme médiéval.

[1] Paul Hofer, in Hans Boesch et Paul Hofer, *Villes suisses à vol d'oiseau*, Kümmerly et Frey, Berne 1964.

nichts spezifisch Mittelalterliches an sich. Man findet es seit der Jungsteinzeit in allen Kulturen der Welt. Seine durch die Verkehrserfordernisse diktierte Anwendung auf die verschiedensten Gelände in der Schweiz, zum Beispiel längs eines Hügelkamms (Oberstadt von Moudon) oder Seeufers (Rolle S. 45) zeigt seine Anpassungsfähigkeit in den Händen der Städtebauer des Mittelalters.

Der aus römischer Zeit übernommene Grundplan schachbrettartig angelegter Siedlungen erscheint demgegenüber von unnachgiebiger Strenge (Neunkirch, S.17). Vor allem für das Flachland gedacht, kam er, aufs erstaunlichste «zurechtgebogen», auch im vielgestaltigen Gelände des schweizerischen Mittellandes zur Verwirklichung (Payerne, S.35, Altstätten).

Doch die einfallsreichen Urbanisten des Mittelalters begnügten sich nicht immer mit einer Anpassung – sie schufen auch Eigenes. Ihre schönste Schöpfung ist unbestreitbar das radiokonzentrische Schema (um einen Ausdruck von Lavedan zu gebrauchen), bei dem Straßen und Gassen um einen oft auf einer Anhöhe befindlichen Pol angelegt sind. Auch hier bildeten sich unzählige Varianten aus – Ovale, Halbkreise, Fächer, ja selbst Glocken und Spindeln, je nach Gestalt des Hügels, auf dem die Siedlung erbaut wurde und mit dem sie auf diese Weise zur Einheit verschmolz.

Was sich uns heute auf dem Flugbild darbietet, ist selbstverständlich eine Vergrößerung und vielfache Abwandlung des ursprünglichen Plans. In der vertikalen Aufnahme erscheinen die Straßen nach einem abstrakten Muster zusammengefügt. Erst aus schrägem Winkel wird deutlich, welche Deformationen diese gleichen Straßen im Laufe der Jahrhunderte erfahren haben. Hier zeigt eine Achsenverschiebung den Anbau eines Vororts an, dort die Verbreiterung einer Gasse den Abbruch früherer Bauteile zur Schaffung von Raum für den Warenumschlag. Risse, Flicken und Nähte im Gewebe der Stadt zeugen von den Bränden und Kriegen, von denen die Ortschaft in den letzten Jahrzehnten des 15. Jahrhunderts und an der Schwelle der Neuzeit heimgesucht wurde.

Der systematischen Verwendung des – feuerfesteren – Steins beim Wiederaufbau der Agglomerationen in jener Epoche ist es zu verdanken, daß die mittelalterlichen Städtchen und Stadtkerne in ihrer damaligen Form erhalten geblieben sind. Aus der Perspektive des Fußgängers allerdings scheint es, als ob unsere Patrizier- und Barockstädte der Vergangenheit entschieden den Rücken kehren wollten. Doch das Flugbild, das die Fassaden außer acht läßt und mehr die Anordnung der Dächer hervorhebt, spielt hier die Rolle eines Filters, der uns die Grundstrukturen besser vor Augen führt: Kette und Schuß des Stadtgewebes.

[1] Paul Hofer, in Hans Bösch und Paul Hofer, *Flugbild der Schweizer Stadt*, BLV, München.

*Boudry (NE)*

Pour un seigneur féodal songeant à fonder une ville, une crête en pente douce comme celle de Boudry, au pied du Jura, à quelque distance du lac de Neuchâtel, cumulait les avantages d'une place forte naturelle et d'une étape de route: un simple alignement de maisons de part et d'autre de l'unique rue suffisait à acheminer sous les meilleurs auspices hommes et marchandises. Aux auspices de cet ordre-là s'ajoutaient, pourrait-on dire, les hospices des voyageurs, l'idée de la protection seigneuriale cédant parfois au besoin plus simple et plus impérieux de s'assurer un gîte!

Mais les temps ont changé et le trafic aussi. Le château fort qui avait déterminé la création du bourg au début du XIV^e siècle par la maison de Neuchâtel a été remplacé en 1548 par le manoir que l'on voit vers le haut de la photo. Malgré son allure encore féodale, celui-ci ne surveille plus, depuis quelques années déjà, que le passage des vignerons! A cela une raison évidente, qui se trouve en bas de notre image: au flanc de la pente qui fait face au bourg passe un nouveau genre de route, une route de contournement pour gens pressés, une route des temps modernes. Mais soyons charitables à son égard. Ne remplit-elle pas exactement le même rôle que les remparts de jadis: préserver, contre des assauts d'un autre ordre, la sérénité des habitants?

*Boudry (NE)*

Für einen Adelsherrn des Mittelalters, der den Standort einer neuen Siedlung auszuwählen hatte, vereinigte ein sanft abfallender Hügelkamm wie der von Boudry am Jurafuß unweit des Neuenburgersees die Vorzüge einer natürlichen Feste und eines Etappenortes in sich. Eine einfache Häuserreihe beiderseits der einzigen Straße genügte hier, um Menschen und Waren unter den besten Bedingungen durch die Gegend zu schleusen.

Doch die Zeiten haben sich geändert und auch der Verkehr. Die Burg, die zu Beginn des 14. Jahrhunderts die Gründung des Städtchens durch das Geschlecht der Neuenburger bestimmt hatte, wurde 1548 durch das oben im Bild sichtbare Schloß ersetzt. Trotz seines noch feudalen Aussehens überwacht es seit geraumer Zeit nur noch das Kommen und Gehen der Winzer. Der Grund dafür wird unten im Bild ersichtlich: Dem unserem Städtchen gegenüberliegenden Hang entlang führt heute eine moderne Straße vorbei, eine Umfahrungsstraße für Leute, die es eilig haben, eine Straße unserer Zeit. Doch sollten wir sie mit Wohlwollen betrachten, denn in Wirklichkeit erfüllt sie eine ähnliche Funktion wie einst die Stadtmauern: jene nämlich, die Einwohner vor dem Ansturm eines – wenn auch gänzlich andersgearteten – Feindes zu bewahren.

## *Fribourg*

Mises en regard par l'image, Fribourg et Rolle révèlent à quel point l'influence exercée par le relief du terrain sur la trame des rues médiévales peut varier d'une ville à l'autre. Comme nous l'avons constaté plus haut, ce n'est qu'en se moulant sur une position donnée que l'idée préconçue du plan de fondation, semblable à un tissu extensible, prenait sa forme concrète. La rive du lac à la hauteur de Rolle n'exerça aucune contrainte – sinon celle d'une extension linéaire – sur les arpenteurs du bourg. A Fribourg, au contraire, le relief du sol détermina, dans l'espace comme dans le temps, toute une série d'options à partir du premier projet.
Vu de l'ouest à basse altitude, Fribourg donne une impression de complexité déconcertante. Cet enchevêtrement de rues se comprend beaucoup mieux lorsqu'on saisit l'importance des paliers – il y en a trois ici – dans la cristallisation de quartiers distincts. Le bourg proprement dit, créé en 1257 par Berthold IV de Zähringen, occupe le palier intermédiaire, en haut à droite, autour de la cathédrale. Deux des faubourgs du bas moyen âge s'étendent dans notre direction, celui de gauche étant plus élevé que celui de droite. Chaque quartier a sa structure propre, chacun ses lignes de force, particulièrement nettes dans cette image.
Combien significatif aussi le point de suture de ces lignes de force au milieu de la page. Il correspond aujourd'hui à la place de l'Hôtel-de-Ville; à cet emplacement exact se dressait au moyen âge le château ducal des fondateurs.

## *Freiburg*

Im Bild einander gegenübergestellt, enthüllen uns Freiburg und Rolle, wie unterschiedlich das Gelände die Straßenanlage einer mittelalterlichen Stadt beeinflussen konnte. Wir sagten bereits, daß der ursprüngliche Bauplan einer Stadt, einem dehnbaren Gewebe vergleichbar, erst mit der Übertragung auf einen gegebenen Standort endgültige Gestalt annahm. Rolle am Ufer des Genfersees war vom Gelände her keinerlei Zwängen unterworfen, es sei denn jenen zur Längsausrichtung. In Freiburg dagegen war das Bodenrelief die Ursache zahlreicher – zeitlicher wie auch räumlicher – Abweichungen vom ursprünglich erarbeiteten Plan.
Aus niedriger Höhe von Westen her betrachtet, zeigt Freiburg eine Gliederung von verwirrender Komplexität. Der Grund für dieses Straßengewirr wird jedoch erkennbar, wenn man die Bedeutung der Geländestufen – wir zählen hier deren drei – bei der Anlage der einzelnen Stadtteile bedenkt. Die ursprüngliche Siedlung, im Jahre 1257 von Berchtold IV. von Zähringen gegründet, nimmt die mittlere Stufe oben rechts im Bild, rings um die Kathedrale, ein. Von dort dehnen sich in Richtung des Betrachters zwei Vorstädte aus dem Spätmittelalter aus, wobei die linke höher liegt als die rechte. Jedes Viertel besitzt seine eigene Struktur und seine eigenen Kraftlinien, die in diesem Bild besonders klar hervortreten.
Bedeutsam ist auch der Berührungspunkt dieser Kraftlinien in der Bildmitte. Er entspricht heute dem Rathausplatz. Genau hier erhob sich im Mittelalter die Burg des Gründers.

*Rolle (VD)*

Créé en 1318 à côté du château préexistant par Louis II de Savoie, baron de Vaud, le bourg de Rolle est le benjamin de la grande famille des fondations savoyardes en terre romande – au nombre total de vingt-trois. C'est aussi le plus frappant exemple de ville-rue qui nous soit parvenu de l'époque de l'urbanisation du Plateau suisse.
Etirée le long de la rive du Léman, Rolle présente une parenté de structure évidente avec Villeneuve, son aînée d'un siècle. L'intention des fondateurs était, d'ailleurs, identique dans les deux cas: acheminer le trafic de la route d'Italie en direction du Jura, de la Bourgogne et du nord de la France. Rolle n'était qu'un maillon de plus dans la chaîne de péages tendue à travers le pays pour arrondir les revenus de la toute-puissante maison de Savoie.
A vrai dire, cette fondation-ci est venue presque trop tard pour recevoir les fruits de la renaissance urbaine. La plupart des villes neuves vaudoises connurent leur apogée économique avant le milieu du XIV^e^ siècle et, à en juger par le déclin de leur population, amorcèrent très rapidement un recul après cette date. Notre vue de Rolle est curieusement éloquente de cette régression, que son fondateur n'avait de toute évidence pas prévue. Le périmètre trop ambitieux tracé par le baron de Vaud quittait le lac à la hauteur du château (la ligne de peupliers visible en haut à gauche) et ne se repliait qu'à trois cents mètres à l'intérieur des terres. C'est l'explication du maintien d'un espace vert citadin presque intact aujourd'hui.

*Rolle (VD)*

Das im Jahre 1318 bei einer bereits bestehenden Burg von Ludwig II. von Savoyen, Freiherr der Waadt, erbaute Städtchen Rolle ist die jüngste der insgesamt dreiundzwanzig Gründungen dieses Fürstengeschlechts auf dem Gebiet der Romandie. Es ist auch das eindrucksvollste Beispiel einer Straßensiedlung, das aus der Zeit der mittelalterlichen Städtegründungen im Mittelland erhalten geblieben ist.
In seiner längsgestreckten Anlage am Ufer des Genfersees zeigt Rolle eine offensichtliche Verwandtschaft mit Villeneuve, das ein Jahrhundert früher entstand. Die Absicht der Gründer war denn auch in beiden Fällen dieselbe: Heranschleusen des Verkehrs aus Italien in Richtung Jura, Burgund und Nordfrankreich. Rolle war nur ein weiteres Glied in der Kette von Zolleinnehmereien, die auf dieser Linie errichtet worden waren, um die Einkünfte der mächtigen Savoyer Fürsten zu mehren.
Die Gründung von Rolle kam jedoch schon fast zu spät, um dieses Städtchen an den Früchten des wirtschaftlichen Aufschwungs teilhaben zu lassen. Die meisten Neustädte des Waadtlandes erlebten ihre Blütezeit vor der Mitte des 14. Jahrhunderts, um sich dann, wie die Abnahme ihrer Bevölkerung zeigt, sehr rasch zurückzubilden. Unsere Flugansicht von Rolle weist klar auf diesen Niedergang hin, der vom Gründer ganz offensichtlich nicht vorausgeahnt worden war. Der allzu weit gefaßte Mauerkreis der ursprünglichen Siedlung schob sich, vom Seeufer auf der Höhe der Burg ausgehend (entlang der Pappelreihe oben links im Bild), bis dreihundert Meter ins Gelände vor. Daraus erklärt sich auch die Erhaltung einer bis heute fast unberührten Grünzone auf dem Stadtgebiet.

*Yverdon (VD)*

Le réseau des vieilles rues d'Yverdon offre une structure insolite vu du ciel. Fuyant vers l'est, l'ouest et le nord, les quartiers les plus anciens semblent se soustraire aux principes de l'urbanisme médiéval. La tentation est donc grande de mettre tout cela sur le compte des Romains, fondateurs d'Eburodunum. Mais ce serait une erreur: le *vicus* romain disparu se trouvait plus au sud! Dans le plus ancien des quartiers médiévaux, celui de notre illustration, on est confronté à un réseau interne de rues en éventail absolument unique en Suisse. Question de relief du terrain? Pas davantage: le sol est presque plat à cet endroit.
La clef de l'énigme n'est pourtant pas à chercher en dehors de notre illustration. Elle est là, en haut à droite, et elle prend la forme d'un château savoyard. C'est effectivement ce château, érigé en même temps que le bourg par le comte Pierre II vers 1260, qui a, en quelque sorte, polarisé toute la structure urbaine. Pour s'en convaincre, on n'a qu'à prolonger par la pensée les trois artères rayonnantes: elles se rencontrent à la hauteur de l'une des tours d'angle du château (celle de gauche sur la photo). Une seule sentinelle postée au sommet de cette tour-là tenait en surveillance, d'un simple coup d'œil, le quartier tout entier!

*Yverdon (VD)*

Das Netz der alten Gassen von Yverdon bietet bei der Betrachtung aus der Luft ein recht ungewohntes Bild. In ihrem Zurückweichen nach Osten, Westen und Norden scheinen sich die ältesten Viertel allen Grundsätzen des mittelalterlichen Städtebaus zu entziehen. Die Versuchung ist daher groß, ihre Anordnung auf die Römer, Gründer des *vicus* Eburodunum, zurückzuführen. Das wäre jedoch ein Irrtum, denn die einstige Römersiedlung befand sich weiter südlich. Der im Bild sichtbare früheste Stadtteil ist durch eine in der Schweiz absolut einmalige Fächerstruktur gekennzeichnet. Eine Frage des Bodenreliefs also? Auch das nicht, denn das Gelände ist hier fast flach.
Die Lösung des Rätsels ist anderswo zu suchen. Sie ist auf unserem Bild oben rechts, in der Gestalt einer Savoyer Burg, erkennbar. In der Tat ist es diese um 1260 zusammen mit der Siedlung von Graf Peter II. erbaute Anlage, die das gesamte Gefüge des Städtchens polarisiert hat. Um sich davon zu überzeugen, genügt es, die drei Hauptadern des Straßennetzes in der Vorstellung zu verlängern: Ihr Schnittpunkt liegt auf der Höhe eines Eckturms der Burg (des linken auf unserem Bild). Eine einzige Schildwache vermochte von diesem Turm aus das ganze Städtchen zu überblicken!

*Neunkirch (SH)*

Jamais un plan de fondation urbaine n'a été appliqué avec autant de rigueur qu'à Neunkirch, dans le Klettgau! Parfaitement restitué par la vue aérienne, son périmètre rectangulaire est orienté est-ouest et son aire divisée et subdivisée en îlots de même forme. Une pure création de l'esprit, en somme – de l'esprit de géométrie. Bien que l'on rencontre ses semblables dans le Midi de la France, où les bastides de l'époque affectent des plans analogues, il y a dans cette rigueur rationaliste quelque chose de profondément étranger à la mentalité médiévale. Cette vue de Neunkirch nous apprend que l'homme du moyen âge n'était pas tout à fait insensible à l'exemple offert par ces ruines des *castra* et des villes coloniales provenant d'une autre époque, places fortes et plaques tournantes de la vie économique en leur temps.

Neunkirch s'inscrit effectivement dans une très ancienne tradition méditerranéenne. Que l'évêque de Constance qui fonda le bourg vers 1270 ait opté pour cette solution «antique», cela en dit long sur ses mobiles. Il renonça, en fait, à une solution toute médiévale et à portée de main: l'utilisation d'un noyau d'habitation déjà installé sur la colline, autour de la vieille paroissiale (en bas mais en dehors de notre image). C'est une preuve de plus qu'en cette fin du XIII^e^ siècle les fondateurs de villes pensaient autant ou davantage aux ouvertures économiques qu'aux impératifs de la défense.

*Neunkirch (SH)*

Selten ist ein Stadtbauplan mit solcher Strenge befolgt worden wie bei der Gründung von Neunkirch im Klettgau! Der Grundriß dieses Städtchens, aus der Vogelschau klar erkennbar, bildet ein reguläres Rechteck in der Achse Ost-West, das in Abschnitte von gleicher Form gegliedert und unterteilt ist – eine reine Schöpfung des Intellekts, eine Konkretisierung geometrischen Denkens. Obwohl man ähnliche Grundpläne auch bei den aus gleicher Zeit stammenden Städten Südfrankreichs findet, hat diese rationalistische Strenge etwas an sich, was dem Geist des Mittelalters zutiefst widerspricht. Doch zeigt uns das Beispiel von Neunkirch, daß der Mensch des Mittelalters vom Vorbild jener aus einer anderen Epoche überlieferten *castra* und Kolonien, die einst die strategischen und wirtschaftlichen Schwerpunkte des Römischen Reichs nördlich der Alpen bildeten, nicht ganz unbeeinflußt blieb.

In der Tat kann Neunkirch einer sehr alten mediterranen Tradition zugeordnet werden. Die Tatsache, daß sich der Bischof von Konstanz, der das Städtchen um 1270 gründete, für diese «antike» Lösung entschied, obwohl ein bereits vorhandener Siedlungskern im Umkreis der alten Pfarrkirche auf dem Hügel (ganz unten außerhalb des Bildes) einen ganz anderen, durchaus mittelalterlichen Grundplan nahelegte, läßt über seine Beweggründe keinen Zweifel. Sie liefert einen weiteren Beweis dafür, daß die Städtegründer des ausgehenden 13. Jahrhunderts wirtschaftlichen Erfordernissen die gleiche, wenn nicht gar größere Beachtung schenkten als den Geboten der Verteidigung.

*Sursee (LU)*

Sursee et Mellingen comptent parmi les plus belles des douze créations des Kibourg, dynastie alémanique connue particulièrement sur le plan de l'histoire politique et militaire mais également féconde en fondations urbaines. Dynastie judicieuse surtout dans le choix des sites: presque toutes les villes qu'elle a fondées existent encore, alors que des treize fondations des comtes de Neuchâtel, par exemple, seules huit subsistent aujourd'hui. Le succès de cet ancien marché fortifié – le *munitio* de 1250 – peut être en grande partie attribué à l'ouverture, vers 1230, de la grande route du Saint-Gothard: Sursee a été établie en droite ligne (et à mi-chemin) entre Bâle et le col.

La petite ville s'inscrit visiblement dans un périmètre régulier proche d'un rectangle. Mais toute ressemblance avec l'une de ces bastides méridionales tracées au cordeau s'arrête là. Pas d'îlots disposés en damier, pas même d'axe orthogonal: les deux portes principales sont reléguées jusque dans les angles de l'enceinte, en haut à gauche et en bas à droite. Et une étonnante distorsion est imposée, en plein centre de la localité, à la rue marchande qui relie ces deux portes. Est-ce l'église seule qui a provoqué cette déviation, ou bien un noyau d'habitations primitif, antérieur au bourg? La seule vue aérienne ne saurait résoudre le problème.

*Sursee (LU)*

Sursee und Mellingen zählen zu den schönsten der insgesamt zwölf Gründungen der Dynastie der Kyburger, die nicht nur im politisch-militärischen Bereich, sondern auch im Städtebau Geschichte gemacht hat. Sie bewies vor allem bei der Auswahl der Standorte ein sicheres Urteil: Fast alle ihrer Gründungen haben sich bis heute erhalten, während zum Beispiel von den dreizehn Schöpfungen der Grafen von Neuenburg nur deren acht überlebten. Die Entfaltung dieses befestigten Marktes – 1250 als *munitio* erwähnt – kann zu einem großen Teil der Eröffnung der Gotthardstraße (um 1230) zugeschrieben werden, denn Sursee liegt in gerader Linie und auf halbem Weg zwischen Basel und dem wichtigsten Alpenpaß.

Wie unser Flugbild zeigt, stellt der Grundriß des Städtchens annähernd ein Rechteck dar. Das ist aber auch die einzige Ähnlichkeit mit den südfranzösischen Neustädten jener Zeit. Wir vermissen hier sowohl die schachbrettartige Gliederung als auch die sich im rechten Winkel schneidenden Achsen. Die beiden Haupttore befinden sich oben links und unten rechts in den Winkeln der Stadtmauer. Auffällig ist auch die Krümmung der Verbindungsstraße zwischen diesen beiden Toren mitten im Städtchen. War allein die Kirche der Grund für diesen Bogen, oder erwies er sich als notwendig, weil ein bereits vor der Stadtgründung vorhandener Siedlungskern umgangen werden mußte? Das Flugbild allein vermag die Frage nicht zu beantworten.

*Mellingen (AG)*

Si le plan de fondation triangulaire était chose courante au moyen âge – nous l'avons déjà constaté à propos de Saint-Prex (p. 20) – les cas sont assez rares en revanche où l'alignement des maisons est aussi nettement perpendiculaire à l'axe de la route génératrice de la ville. A Mellingen autrement dit, on s'attendrait à ce que le bourg ait pris une extension plus grande le long de la route d'approche conduisant au pont et moins grande de chaque côté de cette route, sur la rive.

La solution adoptée par les comtes de Kibourg en 1243 se comprend mieux si l'on ajoute mentalement au premier plan de la photo un solide alignement de fossés défensifs. Des fossés alimentés, sur une partie du moins de leur longueur, par l'eau de la rivière. L'image de Mellingen se métamorphose ainsi en une véritable île fortifiée, reliée à la terre ferme non pas par un, mais par deux ponts, exactement comme l'Ile Notre-Dame, matrice médiévale de la ville de Paris. Mellingen a perdu ses ponts d'origine, mais les deux massives portes postgothiques dressées dans le même axe évoquent encore l'importance d'un passage de la Reuss connu depuis l'Antiquité déjà.

*Mellingen (AG)*

Ein dreieckiger Stadtgrundriß war – wir haben bereits bei Saint-Prex (S. 20) darauf hingewiesen – im Mittelalter zwar durchaus nichts Ungewöhnliches, doch der Fall, daß die Hauptstraße das Stadtdreieck und die Häuserzeilen im rechten Winkel schneidet, ist eher selten. In Mellingen könnte man eigentlich erwarten, daß sich die Siedlung mehr an der zur Brücke führenden Straße als längs des Reußufers ausdehnt.

Die von den Grafen von Kyburg bei der Gründung des Städtchens im Jahre 1243 gewählte Dreiecksform wird erst verständlich, wenn man sich im Vordergrund unserer Photographie die einst vorhandene Einfassung von Befestigungsgräben hinzudenkt, die mindestens streckenweise mit Flußwasser gefüllt werden konnten. Auf diese Weise entsteht das Bild einer richtiggehenden befestigten Insel, die mit dem Festland nicht durch eine, sondern durch zwei Brücken verbunden war, genau wie die Insel von Notre-Dame, dem mittelalterlichen Stadtkern von Paris. Die ursprünglichen Brücken Mellingens sind zwar verschwunden, doch die beiden massiven postgotischen Tore, die in der gleichen Achse angelegt sind, widerspiegeln noch heute die einstige Bedeutung dieses seit der Antike bekannten Reußüberganges.

*Berne, quartier du Nydegg*

Combien séduisante – et inattendue – cette fioriture de rues en volute dans un vieux quartier de Berne! Ces alignements capricieux sont nés, nous n'en doutons pas, d'un enchaînement de circonstances remontant jusqu'à l'époque des fondations. Car c'est de l'emplacement même du château de Berthold V de Zähringen qu'il s'agit! Le château ducal, bâti sur le Nydegg au moment de la création de la ville en 1191. Situé entre un ancien gué (bientôt remplacé par un pont en bois) et le nouveau bourg, il surveillait la seule voie de liaison, la rampe contournant la place par la droite sur notre image.
Dans le choix du site de la ville, les Zähringen avaient fait preuve de discernement, et le destin de Berne allait le confirmer; mais leur château eut moins d'avenir. L'extinction de la maison ducale et l'accession de la ville à l'immédiateté impériale ne feront que précipiter la destruction, inévitable à longue échéance, de la forteresse par les bourgeois, entre 1266 et 1272 déjà.
Un demi-siècle plus tard, les bourgeois érigeront, sur l'emplacement du château, leur chapelle – la Nydeggkirche. Ils iront même jusqu'à aligner leurs maisons sur les restes des défenses du château. C'était là, à n'en pas douter, la meilleure manière d'exorciser les lieux pour en chasser les dernières ombres de la féodalité déchue. Mais à la vue de cette photo, on est en droit de se demander s'ils ont pleinement réussi!

*Bern, Nydeggquartier*

Welch reizenden – und unerwarteten – Anblick bietet dieses Gebilde gewundener Gassen in einem alten Stadtteil Berns! Die seltsame Anordnung ist ohne jeden Zweifel das Ergebnis einer langen Entwicklung, die bis in die Gründungszeit zurückgeht, handelt es sich doch hier um nichts anderes als den Standort der einstigen Burg Berchtolds V. von Zähringen. Bei der Gründung der Stadt im Jahre 1191 auf der Nydegg zwischen einer alten Furt (über die bald eine Holzbrücke führen sollte) und der neuen Siedlung erbaut, beherrschte die herzogliche Burg den einzigen Verbindungsweg, das heißt die Rampe, die den Platz auf unserem Bild von der rechten Seite her umgibt.
Wie andernorts bewiesen die Zähringer auch im Falle Berns viel Weitblick bei der Wahl des Standortes. Ihre Burg jedoch erwies sich als weniger zukunftssicher. Der Untergang des herzoglichen Geschlechts und der Aufstieg der Stadt Bern zur Reichsunmittelbarkeit beschleunigten eine Entwicklung, die auf lange Sicht zwar unvermeidlich war, sich hier aber bereits zwischen 1266 und 1272 vollzog: die Erhebung des Bürgertums gegen den Adel, die in der Zerstörung der Burg gipfelte.
Ein halbes Jahrhundert später errichteten die Bürger an derselben Stelle ein Gotteshaus, die Nydeggkirche. Sie gingen sogar so weit, auf den Überresten der Festungsanlagen neue Wohnbauten zu errichten. Dies war zweifellos die wirksamste Art, die letzten Schatten des Feudalismus zu tilgen. Doch beim Betrachten dieser Photographie muß man sich fragen, ob das auch vollständig gelungen ist.

# Villes abandonnées, arasées, englouties

Genèse, bourgeonnement, conservation des structures médiévales: il a toujours été question jusqu'ici de la vie et de la survie de localités existant encore. Ce dernier chapitre sur le bourg médiéval évoque, au contraire, ce qui s'est en réalité passé pour un grand nombre d'implantations, celles qui ont disparu de la surface de la terre et dont jusqu'aux noms sont oubliés ou radiés de nos cartes.
On comprendra mieux ce phénomène régressif en tenant compte de certains réflexes caractéristiques de l'époque. La création d'une ville neuve s'accomplissait rarement, sinon jamais, au gré de tout le monde. Le constructeur d'un château fort se faisait déjà taxer de provocateur, mais uniquement sur le plan de l'équilibre des forces féodales; le fondateur d'un bourg, en revanche, risquait de disloquer, à courte ou à longue échéance, les liens de dépendance féodaux, religieux et économiques, tous à la fois! Les seigneurs voisins jalousaient de telles fondations, les anciennes paroisses se vidaient de leurs fidèles, les villes et marchés périphériques subissaient des baisses d'affaires devant la nouvelle concurrence. Bourgs et villes neuves n'étaient pas toujours assez robustes pour surmonter les crises qu'ils avaient eux-mêmes suscitées.
Un cas extrême de «provocation» de ce genre est illustré par le bourg éphémère de Glanzenberg près de Zurich. A peine implanté, en 1240, sur un coude de la Limmat, il suscitait déjà la méfiance de sa grande voisine. Prétextant des menaces tant militaires qu'économiques, Zurich le fit raser en 1267, exactement vingt-sept ans après sa fondation! Plusieurs de ses contemporains de Suisse centrale disparurent tout aussi brusquement, au début du siècle suivant, victimes de représailles, notamment pour leurs activités séditieuses antihabsbourgeoises. Le fait de bénéficier de l'appui de l'Eglise, à ce propos, n'offrait aucune garantie de survie: que reste-t-il aujourd'hui des bourgs primitifs de Jussy-l'Evêque, près de Genève, ou de Tanegg, en Thurgovie, dont le site même est inconnu, l'un et l'autre créations épiscopales?
En considérant le problème dans son ensemble, il devient clair qu'à l'origine de maints échecs se trouvent des erreurs de jugement de la part du fondateur. Nombreux étaient les seigneurs de fiefs étriqués et isolés qui visaient

# Versunkene Städtchen

Eine große Zahl von mittelalterlichen Stadtgründungen sind heute von der Erdoberfläche verschwunden, vergessen und auf unseren Karten gelöscht.
Dieses häufig zu beobachtende Phänomen wird besser verständlich, wenn man gewissen charakteristischen Mechanismen der damaligen Zeit Rechnung trägt. Die Gründung einer neuen Stadt erfolgte selten oder nie mit der Zustimmung aller. Schon wer eine neue Burg erbaute, wurde als Provokateur angesehen – immer stand dabei ja das Gleichgewicht der feudalen Kräfte auf dem Spiel. Und es war unvermeidlich, daß der Erbauer einer Siedlung über kurz oder lang alle bestehenden Abhängigkeitsverhältnisse, die feudalen und kirchlichen ebenso wie die wirtschaftlichen, in Unordnung brachte. Die benachbarten Herren betrachteten die Neugründung mit Argwohn und Neid, die alten Pfarreien verloren einen Teil ihrer Gläubigen, und die Städte und Märkte der näheren Umgebung erlitten aufgrund der neuen Konkurrenz beträchtliche Geschäftseinbußen. Die neuen Siedlungen waren indessen nicht immer stark genug, um die von ihnen selbst heraufbeschworenen Krisen zu überstehen.
Ein extremer Fall von «Provokation» war jener des kurzlebigen Städtchens Glanzenberg bei Zürich. Im Jahre 1240 in einer Schleife der Limmat erbaut, erregte es bald das Mißtrauen seiner mächtigen Nachbarin. Unter dem Vorwand militärischer und wirtschaftlicher Bedrohung ließ Zürich 1267 die Ortschaft zerstören, die somit nur siebenundzwanzig Jahre nach ihrer Gründung wieder von der Bildfläche verschwand. Nicht besser erging es zu Beginn des folgenden Jahrhunderts mehreren Neustädten der Zentralschweiz, die unter anderem ihrer antihabsburgischen Umtriebe wegen das Opfer von Vergeltungsmaßnahmen wurden. Selbst die Unterstützung der Kirche bot keine Überlebensgarantie. Was ist von den beiden bischöflichen Gründungen Jussy-l'Evêque bei Genf und Tanegg im Thurgau übriggeblieben? Wir kennen nicht einmal mehr ihren genauen Standort.
Betrachten wir das Problem in seiner Gesamtheit, so wird klar, daß viele dieser Fehlschläge letztlich auf eine falsche Einschätzung der Lage seitens der Gründer zurückzuführen waren. Nicht wenige Herren kümmerli-

trop haut et trop loin. Ils contribuaient à la saturation de territoires aux débouchés économiques restreints, comme le Gros-de-Vaud ou la Basse-Gruyère, au point que seul un petit nombre de leurs créations survécut à la ruine de leurs propres sièges avant la fin du moyen âge. D'autres féodaux, de plus grande taille, faisaient bâtir des remparts sur des périmètres ambitieux – trop vastes pour être jamais entièrement occupés ou adéquatement défendus. Le jour arriva où les bourgeois durent les abandonner: ce jour-là, le bourg rétrograda à l'état de village.
C'est ainsi que, au lendemain du moyen âge, le nombre des fondations sur territoire suisse ne représentait plus que les trois cinquièmes du total connu de 195. Les 82 autres bourgs, victimes pour la plupart des fléaux du XV^e^ siècle – guerres, dépopulation, stagnation économique – avaient déjà régressé ou disparu[1].
Malgré l'épais tapis végétal recouvrant aujourd'hui la majorité des sites de villes désertées, l'avion peut encore nous offrir des vues d'ensemble saisissantes. Nous avons déjà remarqué comme la prise oblique à basse altitude met en relief l'action déterminante de la topographie des sites sur les structures urbaines. Or, une fois inséré dans son terrain d'élection, le bourg avait modelé celui-ci à son tour. Non seulement en surface – les limites de propriété, pourtant, n'ont guère changé dans les cas de villes reconstruites – mais en profondeur aussi. Preuve en est l'apparition d'anciens fossés barrant les approches d'un éperon rocheux par exemple ou d'un chemin taillé à flanc de coteau, témoignage de l'existence d'un pont ou d'un gué à l'origine du choix du site.
Il y a quelque chose de paradoxal et de déconcertant, à vrai dire, dans les moyens à notre disposition aujourd'hui pour le repérage de ces sites. Notre siècle, qui a su inventer l'archéologie et la photogrammétrie aériennes, a en même temps pratiqué l'agriculture et l'industrialisation intensives, qui ont rendu beaucoup de ces sites stériles ou irrepérables. Que dire enfin de ces cas, heureusement très rares, où la nature et les hommes semblent s'être concertés pour la suppression totale d'un site, tels le vieux bourg de Pont (p. 56) ou le village alpestre de Marmorera, engloutis tous deux par les eaux de lacs artificiels!
Les hasards de la vie urbaine, nous l'avons assez dit, débutèrent à l'époque même de la fondation de nos bourgs. Les hasards de la conservation de ces sites aujourd'hui, nous le voyons maintenant, nous ménagent encore des surprises.

[1]Avant 1508, d'après le recensement de Paul Hofer, *op. cit.*, p. 116.

cher und abgelegener Untertanengebiete suchten ihre Stellung durch Neugründungen zu verbessern, doch fast immer übernahmen sie sich dabei. Sie trugen zur Übersättigung von Gebieten mit beschränkten Absatzmärkten wie dem Gros-de-Vaud oder dem unteren Greyerzerland bei, so daß nur eine kleine Zahl ihrer Tochtersiedlungen den Ruin ihrer eigenen Sitze vor dem Ende des Mittelalters überlebte. Andere, mächtigere Feudalherren ließen in ihrem Ehrgeiz Festungsmauern errichten, die viel zu weit gefaßt waren, um je vollständig besetzt oder wirksam verteidigt werden zu können. So kam denn unweigerlich der Tag, an dem die Bürger gezwungen waren, die Stadt zu verlassen. Sie bildete sich in der Folge zum Dorf zurück.
Am Ende des Mittelalters zählte man auf schweizerischem Gebiet nur noch 113 städtische Siedlungen. Drei Fünftel der insgesamt 195 bekannten Städte, also 82, waren entweder zum Dorf verkümmert oder gänzlich verschwunden, hauptsächlich als Folge der Geißeln des 15. Jahrhunderts – Krieg, Hunger und Massensterben.[1]
Obwohl heute die meisten Stätten untergegangener Siedlungen von einem dichten Pflanzenteppich überwuchert sind, vermag uns das Flugbild noch anschauliche Gesamtansichten zu vermitteln. Wir haben bereits darauf hingewiesen, daß die Aufnahme aus schrägem Winkel bei niedriger Höhe den entscheidenden Einfluß des Geländes auf die städtischen Strukturen deutlich macht. Doch auch die Siedlung selbst, einmal in das gewählte Gelände eingebettet, übte einen gestalterischen Einfluß auf ihre Umgebung aus, nicht nur an der Oberfläche – die Gemarkungen haben sich allerdings im Falle der wiederaufgebauten Städte kaum geändert –, sondern ebenso in der Tiefe. Den Beweis dafür liefern beispielsweise alte Gräben, die den Zugang zu einem Felssporn versperrten, oder ein in den Hang geschlagener Weg, der vom einstigen Vorhandensein einer Brücke oder einer Furt zeugt.
Es ist eigenartig und in gewisser Hinsicht paradox, daß unser Jahrhundert Mittel zur Wiederauffindung untergegangener historischer Stätten gefunden, zugleich aber diese Wiederauffindung vielfach durch intensiven Landbau und Industrialisierung unmöglich gemacht hat. In einigen – glücklicherweise sehr seltenen – Fällen scheint sich der Mensch sogar mit der Natur verbündet zu haben, um eine bekannte Stätte völlig verschwinden zu lassen, wie etwa das alte Städtchen Pont-en-Ogoz (S. 56) oder das Alpendorf Marmorera, die heute beide unter dem Wasserspiegel von Stauseen liegen. Das Überleben der Städte war, wie wir gesehen haben, vom Augenblick ihrer Gründung den Launen des Schicksals ausgesetzt. Heute, wo es um die Erhaltung ihrer Reste geht, erkennen wir, daß das Schicksal auch hier mitspielt und noch Überraschungen für uns bereit hat.

[1] Vor 1508, nach der Aufstellung von Paul Hofer, *op. cit.*

*Surpierre (FR)*

L'intérêt que peut susciter, dans le cadre de ce chapitre, le château de Surpierre, qui domine fièrement de son rocher toute la vallée de la Broye, n'apparaît pas d'emblée sur l'image. Vers le début du XIVe siècle, les seigneurs de Cossonay l'auraient rebâti en accolant à son enceinte un petit bourg. Quand on connaît les aptitudes de cette prolifique dynastie – six autres fondations urbaines lui sont attribuées – cela ne surprend guère. Plus déconcertant est le fait que ce bourg de Surpierre, cité textuellement en 1344, n'a pas laissé sur le terrain la moindre trace de son existence. A-t-il fini dans les flammes en 1476, au lendemain de Morat, lorsque les Bernois envahirent toute la vallée? C'est plus que probable.
Avant d'atteindre le replat où s'élève le château de Surpierre, on suit un vieux chemin montant en lacets depuis le village, que l'on aperçoit au fond, et décrivant une courbe à moins de cent mètres du château. Ce chemin creux, nous l'avons parcouru à pied sans réussir à trouver la moindre trace du bourg disparu, mais, en survolant le site, quelle ne fut pas notre surprise de le voir réapparaître, tracé par les ombres du soleil couchant, sous les traits d'un fossé défensif! Nous n'avançons là qu'une hypothèse, mais de telles illusions d'optique se révèlent parfois fécondes en trouvailles...

*Surpierre (FR)*

Der Grund, weshalb die stolz im Broye-Tal thronende Burg von Surpierre im Rahmen dieses Kapitels unser Interesse findet, wird auf unserem Bild nicht sofort deutlich. Es sei deshalb gleich gesagt, daß sich hier einst ein Städtchen befand, das wahrscheinlich zu Beginn des 14. Jahrhunderts beim Wiederaufbau der Burg durch die Herren von Cossonay gegründet wurde. Dies ist an sich keineswegs erstaunlich, wenn man das Werk dieser aktiven Dynastie kennt, der sechs weitere Stadtgründungen zugeschrieben werden. Überraschender ist die Tatsache, daß von der Siedlung Surpierre, deren Existenz eine Urkunde aus dem Jahr 1344 belegt, nicht die geringste Spur zurückgeblieben ist. Ging sie 1476, als die Berner nach der Schlacht bei Murten das ganze Tal eroberten, in Flammen auf? Dies ist mehr als wahrscheinlich.
Vom Dorf im Hintergrund des Bildes führt ein alter Weg zur Anhöhe, auf der die Burg liegt. Diesem Weg waren wir zu Fuß gefolgt, ohne irgendwelche Anzeichen für das einstige Vorhandensein einer Siedlung zu entdecken. Um so größer war unsere Überraschung, als uns dieser selbe Weg dort, wo er weniger als zweihundert Meter von der Burg entfernt einen weiten Bogen beschreibt, im Schattenspiel des Sonnenuntergangs die Gestalt eines Befestigungsgrabens anzunehmen schien. Wir stellen hier bloß eine Hypothese auf, doch optische Täuschungen dieser Art können zuweilen zu unverhofften Funden verhelfen...

*Wimmis (BE)*

L'un des éléments qui indiquent souvent le site d'un bourg médiéval disparu est la présence d'un château fort ayant appartenu à une importante dynastie féodale. Un autre est la proximité d'une vieille église. Ces deux indices – le château et l'église – étaient les seuls à l'origine à être bâtis en pierre, car les bourgeois fraîchement établis n'avaient pas en général les moyens de s'offrir des remparts «en dur», encore moins des maisons d'habitation capables de résister au passage des siècles.
Wimmis a la grande chance d'avoir pu conserver et le château des seigneurs de Strättlingen – que nous rencontrons également à Spiez (p. 66) – et l'église paroissiale de très haute époque: les fouilles confirment une succession de sanctuaires sur cet emplacement à partir du VII^e^ ou du VIII^e^ siècle. Malheureusement, le destin a voulu que le bourg lui-même, probablement fondé dans la deuxième moitié du XIII^e^ siècle, fût réduit en cendres par les Bernois en 1337 déjà.
Toutes les hypothèses restent donc valables quant au périmètre exact du bourg disparu. Notre survol en hélicoptère n'a révélé ni des traces d'anciens remparts de terre, ni des sillons d'anciennes rues. L'église, préromane, ne faisait pas forcément partie du plan de fondation du bourg, qui devait satisfaire avant tout des impératifs défensifs.

*Wimmis (BE)*

Zu den Indizien für das einstige Vorhandensein eines mittelalterlichen Städtchens gehören natürlich vorab eine Burg, als Sitz eines bedeutenden Adelsgeschlechts, und eine alte Kirche in ihrer Nähe. Diese beiden Elemente – Burg und Kirche – waren ursprünglich die einzigen Steinbauten der Siedlung, denn die neu zugezogenen Bürger besaßen im allgemeinen nicht die Mittel für «harte» Befestigungsmauern oder gar für Wohnhäuser, die den Jahrhunderten zu trotzen vermocht hätten.
Wimmis hat das große Glück, daß hier sowohl die Burg der Herren von Strättligen – denen wir auch in Spiez begegnen – als auch die aus sehr alter Zeit stammende Pfarrkirche erhalten geblieben sind. Am Standort dieser letzteren sind bei Ausgrabungen Überreste früherer Heiligtümer zutage gefördert worden, die beweisen, daß die Stätte schon im 7. oder 8. Jahrhundert religiösen Zwecken diente. Leider wollte es das Schicksal, daß das Städtchen selbst, dessen Gründung vermutlich auf die zweite Hälfte des 13. Jahrhunderts zurückgeht, im Jahre 1337 von den Bernern eingeäschert wurde.
Die Frage der genauen Ausdehnung der verschwundenen Siedlung ist bis heute offen. Beim Überfliegen im Helikopter entdeckten wir weder Spuren einstiger Erdwälle noch Furchen ehemaliger Straßen. Die vorromanische Kirche muß nicht unbedingt Teil des ursprünglichen Grundplans gewesen sein, denn die Siedlung ist wohl in erster Linie unter dem Gesichtspunkt der Verteidigung erbaut worden.

## *Bremgarten (BE)*

Immédiatement au nord de la ville de Berne, l'Aar pirouette avant de poursuivre son cours vers l'ouest. Les nombreux méandres de la rivière offraient une protection naturelle: les Helvètes d'abord, les Romains ensuite en profitèrent, implantant leurs *oppida* dans la plus grande de ces boucles de terre, la presqu'île d'Enge. L'homme du moyen âge, lui, avait une tout autre échelle de valeurs... de défense. Il opta donc pour la plus petite des boucles, celle de Bremgarten, sur la rive opposée. Simple refuge au départ, le site devint ensuite le domaine d'un château, puis le siège d'une église et enfin l'assise d'un bourg.
Le château des seigneurs de Bremgarten subsiste encore, transformé en manoir du XVIII$^{e}$ siècle: on l'aperçoit sur l'isthme, au centre de l'image. L'église, aux origines lointaines et imprécises, ne veille plus que sur les tombes d'un cimetière, visible un peu plus bas à droite. Quant au bourg, fondé dans la première partie du XIII$^{e}$ siècle, il fut arasé par les Bernois eux-mêmes en 1298 déjà. Son périmètre reste visible, bien dessiné par l'ombre accrochée au talus qui constituait la berge du fleuve avant l'abaissement du niveau des eaux, provoqué par des travaux de détournement.
Ce genre de site isolé se prêterait normalement à la détection de «microreliefs» – de rues et de fonds de maisons – par photogrammétrie aérienne. Malheureusement pour nous, un demi-siècle de culture agricole intensive n'a fait qu'enfoncer davantage dans le sol le souvenir, déjà estompé, d'un bourg médiéval.

## *Bremgarten (BE)*

Die zahlreichen Schleifen der die Stadt Bern durchfließenden Aare bieten einen natürlichen Schutz, den bereits die Helvetier und später die Römer nutzten, indem sie in der größten dieser Schleifen, auf der Engehalbinsel, Siedlungen errichteten. Der Mensch des Mittelalters hingegen legte in Dingen der Verteidigung einen anderen Maßstab an. Er wählte daher die kleinste der Halbinseln, jene von Bremgarten auf dem gegenüberliegenden Ufer. Anfänglich bloßer Zufluchtsort, wurde die Stätte in der Folge zum Standort einer Burg, dann zu einem Kirchspiel und schließlich zu einem Städtchen.
Die einstige Burg der Herren von Bremgarten erhielt im 18. Jahrhundert die Gestalt jenes Landsitzes, den wir in der Mitte unseres Bildes sehen. Die auf ferne, nicht genau bestimmbare Ursprünge zurückgehende Kirche wacht heute nur noch über die Gräber eines etwas weiter unten rechts sichtbaren Friedhofs. Was die zu Beginn des 13. Jahrhunderts gegründete Siedlung angeht, so wurde sie von den Bernern selbst bereits 1298 in Schutt und Asche gelegt. Ihre Abgrenzung läßt sich an dem Schatten ablesen, der auf die alte Uferböschung aus der Zeit vor dem Absinken des Wasserspiegels (eine Folge der Umleitungsarbeiten) geworfen wird.
Im Normalfall würde eine Stätte dieser Art die photogrammetrische Ortung von «Mikroreliefs» – Straßen und Häuserfundamenten – aus der Luft erlauben, doch zu unserem Leidwesen hat ein halbes Jahrhundert intensiven Landbaus die an sich schon kümmerlichen Reste der mittelalterlichen Siedlung noch tiefer im Boden versinken lassen.

*Pont-en-Ogoz (FR)*

Dans des cas heureusement très rares, la nature et les hommes semblent s'être concertés pour la suppression totale de toute trace d'une ville médiévale. Qui, devant les ruines du château des seigneurs de Pont, en pays de Gruyère, soupçonnerait qu'à quelques mètres de là gît un bourg? Un bourg du XIIIe siècle d'une importance stratégique certaine (l'ampleur du château à tours géminées le confirme) et dont l'apogée, au XIVe siècle, est attestée par la présence, sur un terrain pourtant étriqué, de plus de cinquante feux. Le malheur commencera à frapper au siècle suivant. La concurrence politique et économique de grands centres urbains comme Bulle et Fribourg, à moins de vingt kilomètres en amont et en aval de Pont, entraînera la déchéance des seigneurs puis l'abandon du bourg avant même la fin du moyen âge.
Pont-en-Ogoz sera donc un bourg abandonné, enseveli, oublié pendant des siècles, mais il appartenait à nos contemporains de le rayer plus complètement encore de la carte. Car l'originalité de Pont, aujourd'hui, c'est d'avoir finalement été englouti par les eaux d'un lac artificiel!

*Pont-en-Ogoz (FR)*

In einigen – glücklicherweise sehr seltenen – Fällen scheinen sich Natur und Mensch verbündet zu haben, um jede Spur einer mittelalterlichen Siedlung von der Erdoberfläche zu tilgen. Wer käme angesichts der Burgruine von Pont im Greyerzerland auf den Gedanken, daß nur wenige Meter von hier entfernt ein Städtchen begraben liegt? Ein Städtchen aus dem 13. Jahrhundert, dessen strategische Bedeutung erwiesen ist (nicht zuletzt durch den Umfang der Burganlage mit ihren Zwillingstürmen) und dessen Blütezeit im 14. Jahrhundert durch die beachtliche Zahl seiner damaligen Einwohner (mehr als fünfzig Familien) bezeugt ist. Im folgenden Jahrhundert aber hob das Unglück an. Die politische und wirtschaftliche Konkurrenz bedeutender Zentren wie Bulle und Freiburg, in einer Entfernung von weniger als zwanzig Kilometern flußaufwärts bzw. flußabwärts gelegen, hatte den Niedergang der Herren von Pont und im Spätmittelalter schließlich die Aufgabe des Städtchens zur Folge.
Jahrhunderte hindurch fristeten die Häuser und Straßen von Pont-en-Ogoz noch ein kümmerliches Dasein, mehr und mehr dem Zerstörungswerk der Natur preisgegeben und der Vergessenheit anheimfallend. Wenn wir es hier als Beispiel anführen, so deshalb, weil unsere Zeitgenossen ein radikales Mittel fanden, es gänzlich von der Karte verschwinden zu lassen: die Überflutung mit den Wassern eines Stausees.

# L'église
# Die Kirche

*Détail du plan de la* Ville de Fribourg, *de Martino Martini, 1611.* ▶
*Musée d'art et d'histoire, Fribourg.*

*Detail aus dem Plan der* Stadt Freiburg, *von Martino Martini, 1611.*
*Musée d'art et d'histoire, Freiburg.*

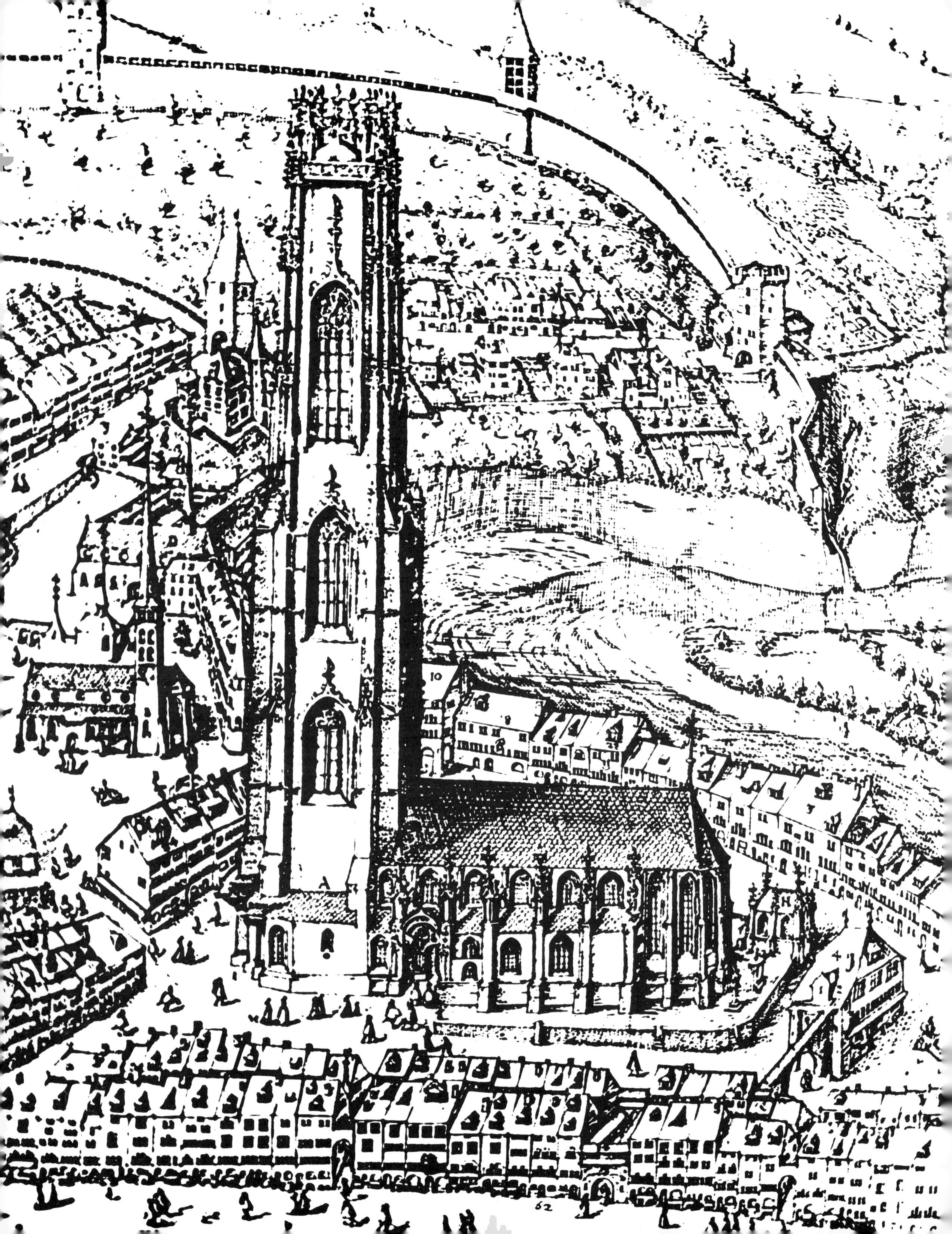
10
A

# Sites prédestinés

Dès l'aube de l'humanité et jusqu'à une époque encore relativement récente, la montagne a inspiré une sainte terreur au cœur des hommes. Ces mondes inhospitaliers devinrent donc très tôt le domaine d'élection des divinités auxquelles notre «homo sacer» vouait inlassablement des cultes propitiatoires. Le premier sanctuaire était vraisemblablement une source ou une grotte rupestre: genre de site déjà consacré, en quelque sorte, par la nature. Beaucoup plus tard, la montagne devint même le lieu privilégié pour la rencontre, à mi-chemin entre la terre et le ciel, de l'homme avec Dieu.
Certes, les Alpes suisses n'ont jamais polarisé, comme le Mont Sinaï ou le Mont des Oliviers par exemple, la marche spirituelle de l'humanité! Elles n'en ont pas moins exercé une forte influence, dès la première heure, dans le choix des sites cultuels. Des foyers préhistoriques aux sanctuaires du moyen âge, c'est encore et toujours la topographie du terrain qui confère à ces sites leur caractère particulier. «Dans les régions alpestres, l'homme, plus conscient peut-être de son propre néant devant l'immensité de la montagne, éprouve un besoin plus vif d'élever des asiles à sa méditation et à sa prière.»[1] Blottis au fond des vallées obscures, les plus anciens monastères sont encore aujourd'hui une vivante illustration du besoin de fuir le siècle...
La prééminence du spirituel sur le temporel n'est jamais si évidente que lorsque le sanctuaire lui-même est surélevé par rapport à l'habitat et aux routes de passage. Le survol des hautes vallées des Grisons, du Tessin et du Valais – pays de cols et, de ce fait, les premiers en territoire suisse à avoir été évangélisés – confirme ce que l'histoire des mentalités nous enseigne: en choisissant des sites élevés pour ses sanctuaires, l'Eglise primitive n'a fait que matérialiser ces «hiérarchies spirituelles» si profondément ancrées dans le psychisme humain.
Nous avons déjà évoqué, dans un chapitre précédent, le rôle de repère attribué aux clochers des villages et des bourgs du Plateau suisse. Mais le clocher tel que nous le

[1] Peter Meyer, *L'art en Suisse depuis les origines jusqu'à nos jours,* De Nobèle, Paris 1956.

# Erwählte Stätten

Von Anbeginn bis vor verhältnismäßig kurzer Zeit empfand der Mensch heilige Ehrfurcht vor dem Gebirge. Sehr früh wurden deshalb diese unwirtlichen Welten in seiner Vorstellung zum eigentlichen Bereich der Gottheiten, deren Wohlwollen unser *Homo sacer* in unablässiger Heilssuche durch Kulte aller Art erstrebte. Die ersten Kultstätten waren aller Wahrscheinlichkeit nach Quellen oder Felshöhlen, das heißt Plätze, die von der Natur gewissermaßen hierfür ausersehen waren. Viel später wurde der Berg, auf halbem Weg zwischen Himmel und Erde, sogar zum bevorzugten Ort der Begegnung des Menschen mit dem Göttlichen.
Gewiß, die Schweizer Alpen vermochten nie, wie etwa der Sinai oder der Ölberg, die geistigen Bestrebungen der Menschheit zu polarisieren. Nichtsdestoweniger übten sie bei der Anlage heiliger Plätze von Anfang an eine starke Anziehungskraft aus. Auch hier ist es die Geländebeschaffenheit, die diesen Stätten, vom prähistorischen Kultbezirk bis zu den mittelalterlichen Kirchenburgen, einen besonderen Stempel aufdrückt. Im Angesicht der gewaltigen Berge seiner eigenen Nichtigkeit vielleicht stärker bewußt, empfand der Mensch in den Alpengegenden ein größeres Bedürfnis, seiner Andacht und seinem Gebet einen Zufluchtsort zu errichten, schreibt Peter Meyer[1]. Noch heute sind die alten Bergklöster, versteckt in entlegenen Tälern, ein beredtes Zeugnis jenes Wunsches, dem Zeitgeist zu entfliehen...
Der Vorrang des Geistigen vor dem Weltlichen wird nirgends so deutlich wie dort, wo die heilige Stätte selbst noch den Wohnbezirk und die Durchgangsstraße beherrscht. Überfliegt man die Hochtäler Graubündens, des Tessins und des Wallis – alle in unmittelbarer Nähe wichtiger Pässe gelegen und deshalb als erste Gebiete der Schweiz evangelisiert –, so bestätigt sich, was uns die Geistesgeschichte lehrt: Indem die Urkirche ihre Gotteshäuser an erhöhten Standorten errichtete, konkretisierte sie jene «geistige Hierarchie», die so tief in der menschlichen Psyche verankert ist.

[1] Peter Meyer, *Die Kunst in der Schweiz von den Anfängen bis zur Gegenwart.* Schweizer Spiegel Verlag, Zürich.

connaissons n'a fait son apparition qu'à une date relativement tardive, au début de notre millénaire. Combien plus important devait être le rôle de repère du site lui-même en montagne, pendant le premier moyen âge, lorsque les lieux de culte étaient encore éloignés les uns des autres et que la plus humble des paroissiales devait desservir parfois deux ou même trois vallées!

Nos sanctuaires perchés réservent une impression particulièrement émouvante au voyageur qui emprunte les chemins millénaires montant du fond des vallées: celle d'avoir accompli, comme on disait autrefois, la «quête de Dieu». En supprimant l'effort de l'ascension, l'approche aérienne atténue incontestablement la joie de la «quête», mais elle peut faire surgir d'autres échos de l'esprit qui plane sur ces lieux. Et soudain l'on retrouve le sens de l'enclos sacré cher aux premières civilisations: une zone à la fois naturelle et surnaturelle, retranchée du monde par une clôture de pierres ou par un escarpement rocheux. Vision d'archange, voici que l'on assiste, par un jeu d'optique proprement hallucinant, à l'apparition de cimetières évidés: les ombres aidant, les tombes paraissent ouvertes, leurs vendanges millénaires livrées à la grande lumière du Dernier Jour!

La vue aérienne d'églises présente inévitablement des déformations dont il faut tenir compte dans toute appréciation de ce genre. On sait par exemple que la majorité des églises médiévales juxtaposent des maçonneries de diverses époques et que, même en les étudiant de près, il est difficile de les démêler les unes des autres. Or que voyons-nous, dans une vue aérienne verticale, sinon des toits? Des toits qui constituent, à force de multiples restaurations, l'élément le plus jeune de l'ensemble! C'est par le truchement de la prise oblique à basse altitude que l'on peut restituer, à la rigueur, non seulement le relief du terrain mais aussi toute la dynamique et l'âme même des vieilles pierres, ce qui fait vivre, en somme, un sanctuaire conçu et élaboré pour endurer le passage des siècles.

Wir haben bereits in einem der vorhergehenden Kapitel auf die einstige Funktion der Kirchtürme als geistige Wegweiser unserer mittelländischen Städtchen und Dörfer hingewiesen. Doch der Kirchturm, wie wir ihn heute kennen, bildete sich erst verhältnismäßig spät aus, nämlich zu Beginn unseres Jahrtausends. Um wieviel bedeutsamer noch mußte diese Funktion des Gotteshauses in unwegsamen Berggegenden im frühen Mittelalter gewesen sein, als die Kultstätten noch weit auseinanderlagen und für zwei oder drei Täler oft nur eine einzige Kirche zur Verfügung stand.

Unsere hoch über den Tälern thronenden Gotteshäuser sind ein besonders eindrucksvolles Erlebnis für den Wanderer, der auf den jahrtausendealten Pilgerstraßen zu ihnen emporsteigt. «Gottessuche» nannte man diesen Aufstieg einst, und wer ihn vollbringt, hat in der Tat den Eindruck, dem Irdischen entrückt zu sein. Das Flugzeug enthebt uns zwar der Anstrengung einer Fußwanderung, bringt uns damit aber auch um die Freude, die Höhe aus eigener Kraft erreicht zu haben. Doch wird dafür der Geist, der über diesen Stätten schwebt, auf andere Weise fühlbar. Die Ansicht aus der Luft führt uns das Wesen des heiligen Bezirks wieder vor Augen, wie er für die ersten Zivilisationen so bedeutsam war: ein zugleich natürlicher und übernatürlicher Platz, von der Welt durch eine Einfriedung aus Stein oder durch eine Felswand abgeschnitten. Und da, einer Erzengelvision gleich, tauchen in einem wahrhaft halluzinierenden Spiel von Licht und Schatten plötzlich umgebrochene Friedhöfe auf: Die Gräber scheinen offen, als hätten sie ihre Jahrtausende hindurch gesammelte Ernte dem Licht des Jüngsten Tags freigegeben.

Die Flugansicht von Kirchen weist zwangsläufig gewisse Verzerrungen auf, die es in jeder Darstellung dieser Art zu berücksichtigen gilt. Wir wissen zum Beispiel, daß die Mehrzahl der mittelalterlichen Kirchen bauliche Elemente verschiedener Epochen umfassen und daß diese selbst bei näherem Hinsehen schwer auseinanderzuhalten sind. Nun sehen wir aber auf einem aus der Vertikale aufgenommenen Flugbild gerade vorwiegend die Dächer, die wegen wiederholter Restaurationen den jüngsten Teil des Ganzen darstellen. Erst die Aufnahme aus schrägem Winkel in niedriger Höhe vermag neben der Geländebeschaffenheit auch die ganze Dynamik und gewissermaßen die Seele der alten Gemäuer einzufangen, mit anderen Worten das, was einem in der Perspektive des Zeitlosen gebauten Gotteshaus Leben verleiht.

*Pfäfers (SG)*

Comme un gigantesque kaléidoscope, notre machine à survoler le temps crée parfois l'impression d'un monde taillé en facettes. Mais l'isolement relatif des sites médiévaux ne doit pas nous induire en erreur: des rapports physiques et spirituels reliaient ces lieux dont chacun se trouvait à l'origine dans la mouvance d'un autre. Sur la route conduisant à la vieille localité de Pfäfers, la nature et les hommes se sont unis pour que la chapelle carolingienne et le château fort se regardent du haut de leurs éminences respectives. Cette convergence, on la retrouve dans la perspective aérienne, qui rapproche les deux sites en une seule image et comble à sa manière l'abîme des siècles.
Saint-Georges de Pfäfers et le château de Wartenstein sont des créations – à quatre siècles d'intervalle – de la célèbre abbaye bénédictine de Pfäfers, elle-même née de l'ouverture d'une ancienne route reliant Bad Ragaz à Reichenau par le col du Kunkel. Au XV^e siècle, les moines rebâtirent leur chapelle, mais la vue plongeante révèle très nettement le plan de l'abside précédente, romane, récemment dégagée par les fouilles. Le château a eu moins d'avenir à partir du moment où la place a été prise d'assaut par les Confédérés, au XVI^e siècle. Quant au tracé de la route, si animée au moyen âge, il s'est effacé progressivement, mais on est tenté de le distinguer encore dans ce vallon creusé entre les deux sites, lieu de passage naturel livré aujourd'hui à un troupeau de vaches…

*Pfäfers (SG)*

Einem gigantischen Kaleidoskop ähnlich, läßt unsere Maschine zum Durchfliegen der Zeit zuweilen den Eindruck entstehen, als sei die Welt in Facetten aufgesplittert. Doch die Abgeschiedenheit dieser mittelalterlichen Stätten darf uns nicht täuschen. Ursprünglich waren sie untereinander eng verbunden und jede irgendwie von einer anderen abhängig. Die karolingische Kapelle des heiligen Georg und die Burgruine Wartenstein, die sich an der Straße nach der alten Ortschaft Pfäfers auf ihren Anhöhen gegenüberstehen, sind ein gutes Beispiel für diese Verflechtung scheinbar isolierter Stätten. Unser Flugbild vereinigt beide in einer einzigen Ansicht und schließt damit auf seine Art die Kluft von Raum und Zeit.
St. Georg von Pfäfers und Wartenstein wurden in der Tat beide – in einem zeitlichen Abstand von vier Jahrhunderten – von der berühmten Benediktinerabtei von Pfäfers gegründet, die ihrerseits ihr Entstehen der Eröffnung einer Straße über den Kunkelpaß zwischen Bad Ragaz und Reichenau verdankte. Im 15. Jahrhundert wurde die Kapelle von den Mönchen neu aufgebaut, doch im Bild tritt der Grundriß der unlängst freigelegten romanischen Apsis wieder klar hervor. Die Burg für ihr Teil blieb nach der Eroberung des Platzes durch die Eidgenossen im 16. Jahrhundert ihrem Schicksal überlassen. Der im Mittelalter so stark begangene Paßweg schließlich wurde nach und nach überwachsen, doch läßt sich sein Verlauf im Tälchen zwischen Kapelle und Burg, wo heute Kühe weiden, mit einiger Vorstellungskraft noch erraten.

*Siat (GR)*

Campée sur un éperon rocheux à l'écart du village, mais bordée toujours du vieux chemin reliant Siat à Ruschein, cette église millénaire surveille encore les pentes de son ancien domaine. La première paroissiale de Saint-Lucius, citée en 832 déjà, a disparu sans laisser de trace; le clocher actuel est une construction romane exhaussée de pignons et coiffée d'une flèche du type postgothique, fréquent dans les Alpes. Quant au vaisseau roman – beaucoup trop étriqué pour le goût du XVIIe siècle – il a tout simplement été incorporé dans le nouveau chœur au moment de la réorientation de l'édifice en 1656.
Notre perspective aérienne n'est évidemment pas faite pour démêler toutes ces imbrications de plans et de styles, mais elle apporte un éclaircissement d'un autre ordre. Aux temps ténébreux de ses origines, un sanctuaire alpestre comme celui-ci remplissait le rôle d'un repère... sur la voie du salut. Portée sur l'alpe par le jeu de la lumière matinale, l'ombre du vieux clocher va, dirait-on, au-devant des âmes en péril.

*Siat (GR)*

Von der Höhe des Felsvorsprungs, zu dem ein alter Weg von Ruschein hinaufführt, wacht die tausendjährige Kirche Sankt Luzius zu Siat heute noch über die Abhänge ihrer einstigen Domäne. Die erste Pfarrkirche, bereits im Jahre 832 urkundlich erwähnt, verschwand, ohne Spuren zu hinterlassen. Der gegenwärtige Glokkenturm stammt aus der Zeit der Romanik und wurde später mit Giebeln und einer Turmspitze des spätgotischen Typs versehen, wie man ihn in den Alpen oft findet. Das romanische Schiff, das für den Geschmack des 17. Jahrhunderts viel zu eng war, wurde beim Umbau der Kirche im Jahre 1656 einfach dem neuen Chor einverleibt.
Unser Flugbild kann diese Überlagerung von Ebenen und Stilrichtungen zwar nicht deutlich machen, doch führt es uns etwas anderes vor Augen. In der fernen Zeit seiner Anfänge erfüllte dieses Gotteshaus wie so viele andere in den Alpen die Aufgabe eines Wegweisers – auf dem Pfade des Heils. Durch das Spiel des Morgenlichts als Schatten auf die Alm geworfen, scheint der alte Kirchturm wie ehedem bedrängten Seelen den Weg zu zeigen.

*Saint-Pierre de Mistail (GR)*

Quel est le secret de l'étonnante préservation de l'église Saint-Pierre de Mistail? Plantée dans ce coin sauvage de la Rhétie centrale à l'époque carolingienne déjà, elle a été exposée pendant douze cents ans aux soubresauts du destin: éboulements de terrain du côté des gorges dantesques du Schyn et rapacité des hommes qui sévissaient sur cette ancienne «route de l'évêque» reliant Coire et le Domleschg au val Bregaglia et à la Lombardie.
Le choix du site lui-même nous laisse songeur. Il est vrai que Charlemagne avait encouragé l'implantation de couvents sur les routes alpestres – manière discrète de surveiller les passages stratégiques entre les deux moitiés de son empire – mais Mistail ne semble pas avoir abrité une congrégation (de moniales) avant le X$^{e}$ siècle. L'église avait-elle été jusqu'alors la paroissiale mère des trois vallées qui convergent vers ce lieu? La date de sa construction, vers 800, semble en l'occurrence trop tardive.
Quoi qu'il en soit et en dépit des énigmes que les dernières fouilles n'ont pas totalement élucidées, Saint-Pierre de Mistail reste sereinement sur sa position – un petit replat verdoyant au bord du ravin – véritable symbole de l'Eglise aux prises avec sa destinée: vivre et rayonner au milieu de forces aveugles, terrestres, issues de la nuit des temps.

*Sankt Peter zu Mistail (GR)*

Durch welch rätselhafte Umstände hat sich die Kirche Sankt Peter zu Mistail so wunderbar erhalten? In karolingischer Zeit in dieser wilden Gegend Mittelbündens errichtet, hielt sie zwölf Jahrhunderte lang allen Fährnissen stand: den Felsstürzen auf der Seite der dantesken Schyn-Schlucht ebenso wie der Raubgier der Menschen, die auf dieser alten «Bischofsstraße» von Chur durch das Domleschg und das Bergell nach der Lombardei ihr Unwesen trieben.
Allein schon der Standort des Gotteshauses gibt uns Rätsel auf. Es trifft zwar zu, daß Karl der Große an den Alpenstraßen die Errichtung von Klöstern förderte, um unauffällig die strategisch wichtigen Übergänge zwischen den beiden Hälften seines Reichs zu überwachen. Doch bis zum 10. Jahrhundert scheint Mistail keine Klostergemeinschaft beherbergt zu haben. War die Kirche bis zu jenem Zeitpunkt das Mutterheiligtum der drei Täler, die an dieser Stelle zusammenstoßen? Das Gründungsdatum – um 800 – scheint dagegen zu sprechen.
Wie dem auch sei, Sankt Peter zu Mistail steht, umwoben von den Rätseln, die auch durch die jüngsten Ausgrabungen nicht vollständig gelöst werden konnten, heiter und gelassen auf ihrem Platz, einer kleinen grasbewachsenen Terrasse am Rande des Abgrunds – wahrhaftes Symbol der Kirche und ihrer Bestimmung: zu leben und zu leuchten inmitten der blinden irdischen Gewalten im Dunkel der Zeit.

*Biasca (TI)*

L'église SS. Pietro e Paolo occupe un replat de la montagne à un point de convergence de hautes vallées; le Tessin, débouchant de la Léventine, reçoit à Biasca les eaux du Val Blenio puis poursuit son cours à travers la Riviera. Cette très belle église romane du XI^e^ siècle, de plan basilical, construite en pierre granitique, doit à ses bâtisseurs et davantage encore au ciel d'être parvenue intacte jusqu'à nous! Ceux qui, au nom du propriétaire temporel et spirituel des Trois Vallées – le puissant chapitre cathédral de Saint-Ambroise de Milan – avaient à édifier la nouvelle collégiale optèrent pour ce site remarquable au-dessus de Biasca, nœud routier des passages alpins et chef-lieu de la *pieve* ambroisienne du Haut-Tessin.
Les résonances symboliques émanant d'un site de ce genre peuvent nous échapper aujourd'hui, il n'empêche que sans la situation élevée qui lui fut providentiellement assignée, l'église de Biasca aurait péri sous le coup de l'une ou de l'autre des catastrophes qui frappèrent le bourg: attaques armées et incendies, inondations périodiques et autres fléaux naturels. Nous pensons en particulier au grand éboulement du Monte Crenone, survenu le 30 septembre 1512. La «Buzza de Biasca» passa à côté du sanctuaire mais ensevelit la ville. Un lac se forma aussitôt en amont de cette nouvelle digue qui, quatorze mois plus tard, en cédant à la pression des eaux, provoqua un véritable raz de marée engloutissant tout ce qui se trouvait sur son passage. Tout, sauf l'église, restée inviolée jusqu'à nos jours.

*Biasca (TI)*

Biasca liegt am Schnittpunkt zweier Hochtäler: Hier nimmt der aus der Leventina hervorbrechende Tessin die Wasser des Bleviotals in sich auf, bevor er seinen Lauf durch das Haupttal, die Riviera, fortsetzt. Biascas Stiftskirche SS Pietro e Paolo ist ein prächtiger romanischer Bau aus dem 11. Jahrhundert. Ganz aus Granit, verdankt sie es ihren Bauherren, mehr aber noch den Himmelsmächten, daß sie sich bis zum heutigen Tag unversehrt erhalten hat. Die Männer, denen das Domkapitel von St. Ambrosius zu Mailand – damals mächtiger weltlicher und geistlicher Herrscher über die drei Täler – den Auftrag zum Bau der neuen Kirche gab, erwählten als Standort diese Stelle oberhalb von Biasca, Knotenpunkt der Alpenübergänge und zugleich Hauptort der ambrosianischen Pieve des Hochtessins.
Der Symbolgehalt, der einer solchen Standortwahl innewohnt, ist für uns heute auf den ersten Blick vielleicht schwer durchschaubar, immerhin aber hat die erhöhte Lage die Kirche vor manchem Verhängnis bewahrt, von dem die Siedlung selbst nicht verschont blieb: Überfälle und Brände, Überschwemmungen und andere Naturkatastrophen mußte sie über sich ergehen lassen. Man denke nur an den Bergrutsch von Monte Crenone, der sich am 30. September 1512 ereignete. Die «Buzza von Biasca» ging an dem Gotteshaus vorüber, ohne Schaden anzurichten, begrub aber die Stadt unter sich. Alsbald entstand ein See oberhalb des neuen Dammes, der jedoch vierzehn Monate später unter dem Druck des Wassers brach. Eine wahre Sturmflut ergoß sich über das Land und verschlang alles, was sich ihr entgegenstellte. Nur die Kirche blieb verschont – und blieb es bis zum heutigen Tag.

## *Staufberg (AG)*

A la différence de Mistail, à moitié enfoncée dans des gorges, Saint-Nicolas de Staufberg domine de très haut la contrée environnante. Le choix d'un tel site n'est manifestement pas un effet du hasard! Fondée vraisemblablement peu après l'an mille, par un comte de Lenzbourg, l'église devait agir comme un pôle d'attraction au centre d'une vaste paroisse. Et c'est l'église, plus encore que le château comtal sur la colline opposée, qui cimentait les liens entre les habitants des nombreux villages de la seigneurie.
L'attraction ne s'arrêtera nullement au lendemain de la fondation du bourg neuf de Lenzbourg au pied de la colline. Tout au long du bas moyen âge, des paysans promus bourgeois continueront, comme par le passé, à grimper jusqu'ici pour assister aux offices, et cela jusqu'au jour tardif où des impératifs... pratiques les inciteront à bâtir une paroissiale plus accessible, à l'intérieur de leurs murailles!
Le survol des hauteurs du Staufberg offre une vue saisissante de l'église et de ses annexes – cure et maison du sacristain, ancien ossuaire – maintes fois agrandies ou altérées depuis la fin du moyen âge. L'optique aérienne nous dispense de fastidieuses analyses: de toutes ces juxtapositions stylistiques, seule demeure l'impression d'un ensemble d'une remarquable harmonie.

## *Staufberg (AG)*

Im Unterschied zur Kirche von Mistail, die halb verborgen in einer Schlucht liegt, thront Sankt Niklaus zum Staufberg hoch über der Landschaft. Die Wahl eines solchen Standorts ist offenkundig nicht ein Werk des Zufalls. Wahrscheinlich kurz nach der Jahrtausendwende von einem Grafen von Lenzburg gegründet, bildete die Kirche in ihren Anfängen einen magnetischen Pol im Mittelpunkt einer ausgedehnten Pfarrei. Mehr noch als die Burg auf dem gegenüberliegenden Hügel festigte sie die Bande zwischen den Einwohnern der zahlreichen Dörfer des gräflichen Herrschaftsgebiets.
Diese Anziehungskraft wirkte auch nach der Gründung des neuen Burgstädtchens Lenzburg am Fuße des Hügels fort. Noch das ganze Spätmittelalter hindurch stiegen die nun zu Bürgern gewordenen Landleute zu Sankt Niklaus hinauf, um am Gottesdienst teilzunehmen – bis zu dem Tage, da praktische Erwägungen sie veranlaßten, innerhalb der Stadtmauern eine leichter zugängliche Pfarrkirche zu bauen.
Der Staufberg bietet beim Überflug ein eindrucksvolles Bild der Kirche und ihrer Nebenbauten – Pfarrhaus, Küsterhaus, ehemaliges Beinhaus –, die seit dem Spätmittelalter wiederholt vergrößert oder umgestaltet wurden. Die Vogelperspektive enthebt uns trockener Analysen – das Neben- und Übereinander verschiedener Stilrichtungen tritt hier gegenüber dem Gesamteindruck zurück: einer Anlage von bemerkenswerter Harmonie.

*Spiez (BE)*

Il est des sites en Suisse à faire rêver des rois! Une chronique médiévale nous le suggère, du moins, dans le récit du rêve prophétique de Rodolphe II, roi de Bourgogne pendant le premier tiers du X$^e$ siècle. Sollicité par l'apparition de douze nouvelles églises, le roi fit bâtir, entre autres, le blanc sanctuaire que nous avons sous les yeux. Une fois lancées, les légendes de cet ordre vont souvent bon train. Ainsi apprend-on par d'autres «sources» que ce fut la femme de Rodolphe – la célèbre reine Berthe de nos manuels d'école – qui fonda par la suite le premier château, ancêtre de celui des seigneurs de Strättlingen que nous voyons ici.

Rêve... ou réminiscence historique? Les dernières fouilles entreprises sous l'église font remonter sa date de fondation jusqu'au début du VIII$^e$ siècle. Par la suite, elle devait être défendue par une puissante tour frontale dont les bases seraient conservées dans le clocher actuel. La vision aérienne du promontoire de Spiez – l'un des plus beaux sites de la Suisse féodale – nous incite à rêver à notre tour!

*Spiez (BE)*

Es gibt in der Schweiz Kirchen, die dem Traum eines Königs entsprungen sind – so wenigstens will es eine mittelalterliche Chronik, die uns ein Traumbild Rudolfs II., König von Hochburgund im ersten Drittel des 10. Jahrhunderts, überliefert. Unter dem Eindruck der Vision von zwölf neuen Gotteshäusern ließ der König unter anderem die Kirche bauen, die wir hier vor Augen haben. Legenden werden, sind sie erst einmal entstanden, stets weiter ausgeschmückt. So erfahren wir aus anderer «Quelle», daß es Rudolfs Gemahlin war – die berühmte Königin Bertha aus unseren Schulbüchern –, die später an diesem Ort ein Schloß errichten ließ, Vorläufer jenes der Herren von Strättligen, das hier zu sehen ist.

Traum oder Wahrheit? Die jüngsten Ausgrabungen unter der Kirche jedenfalls haben gezeigt, daß deren Gründung bis in die Anfänge des 8. Jahrhunderts zurückgeht. Später muß dem Gotteshaus ein mächtiger Festungsturm angefügt worden sein, dessen Grundmauern im heutigen Glockenturm erhalten sein sollen. Die Flugansicht der Landzunge von Spiez – einer der schönsten Stätten der mittelalterlichen Schweiz – läßt auch in uns Heutigen Traumbilder aufsteigen.

# L'église-forteresse, l'église-refuge

Le plus prestigieux des sites de la Suisse médiévale est sans conteste le mont Valère, au-dessus de Sion, en Valais (p. 69). Voici, dressée sur une crête rocheuse surplombant le Rhône, une église fortifiée d'un type unique en son genre pour toute la chaîne alpine occidentale. Les hasards de la conservation l'ont voulu ainsi, mais nous savons aussi, d'après des monuments analogues implantés du Rouergue jusqu'en Bohême et d'Irlande jusqu'en Scandinavie, que ce genre de sanctuaire était parfaitement courant à l'époque agitée de la naissance de la féodalité.
Si cette curieuse association de vertus militaires et spirituelles se rencontre déjà aux IV^e^ et V^e^ siècles de notre ère dans les sanctuaires des premiers évêques de Bâle-Augst et de Coire – églises cathédrales enchâssées dans les enceintes des castels romains – elle devait trouver sa plus belle expression pendant les premiers siècles du moyen âge, époque des églises-refuges des Alpes.
Le mot allemand *Kirchenkastell*, que l'on peut traduire approximativement par «citadelle d'église», situe bien le changement d'optique créé par le départ des légions romaines de ces contrées. L'Eglise, isolée, devait se défendre, l'Eglise devint alors refuge! Elevés cette fois par les habitants des hautes vallées, ces bastions de la foi pouvaient recevoir en temps de péril la population d'une vaste zone périphérique. Plus tard, la paix revenue, les places furent momentanément abandonnées, supplantées par de nouvelles églises paroissiales bâties dans les villages ou à proximité de ceux-ci. Survint alors la féodalité, le dernier et le plus surprenant épisode de cette histoire. Les grands féodaux s'approprièrent ces places abandonnées, concentrèrent les défenses dans une enceinte réduite et, en bons chrétiens qu'ils étaient, rebâtirent les vieux sanctuaires en ruines pour en faire des chapelles domestiques. Si, comme cela arrivait parfois, le grand féodal était aussi un grand dignitaire de l'Eglise, ce même sanctuaire prenait alors une ampleur inhabituelle, signe manifeste de la puissance temporelle et spirituelle de son bâtisseur. Ce qui nous ramène, fort à propos, au chef-d'œuvre des évêques de Sion, sur la colline de Valère.
L'avion est un allié précieux dans le repérage et l'appréciation de ces vieilles citadelles de la foi dont la presque

# Die Kirche als Festung und Zufluchtsort

Die berühmteste Stätte der mittelalterlichen Schweiz ist unbestritten der Hügel von Valère oberhalb Sitten im Wallis (S. 69). Auf einem Felsrücken hoch über dem Rhonetal erhebt sich hier eine Kirchenfeste, wie sie im gesamten Gebiet der Westalpen einzigartig ist. Dieser einmalige Charakter ist allerdings ein Werk des geschichtlichen Zufalls, aber von ähnlichen Bauten im übrigen Europa her, von Südfrankreich bis Böhmen und von Irland bis Skandinavien, wissen wir, daß Heiligtümer dieses Typs in den bewegten Zeiten des Frühmittelalters weit verbreitet waren.
Die seltsame Verbindung militärischer und religiöser Funktionen im Kirchenbau findet sich bereits im 4. und 5. Jahrhundert unserer Zeitrechnung bei den Kathedralen der eben erst gegründeten Bistümer Basel und Chur, die innerhalb der Festungsmauern römischer Kastelle errichtet wurden. Ihren schönsten Ausdruck fand sie jedoch während der folgenden Jahrhunderte in den Kirchenkastellen der Alpen.
Die Bezeichnung «Kirchenkastell» weist auf die veränderte Lage hin, die durch den Abzug der römischen Legionen in diesen Gebieten entstanden war. Die alleinstehende Kirche mußte sich verteidigen und wurde damit zum Zufluchtsort für die Mitglieder ihrer Gemeinde. Von den Bewohnern der Hochtäler erbaut, vermochten diese Bollwerke des Christentums in Zeiten der Gefahr die Bevölkerung eines großen Einzugsgebietes aufzunehmen. Herrschte wieder Frieden, wurden sie verlassen, und neue Pfarrkirchen in den nahen Dörfern traten an ihre Stelle. Als dann das Lehnswesen aufkam, ergriffen mächtige Feudalherren von diesen verlassenen Plätzen Besitz, faßten ihre Verteidigungsanlagen zu einem Schutzwall kleineren Ausmaßes zusammen und bauten als fromme Christen die alten gottgeweihten Stätten für ihre eigenen Zwecke wieder auf. Wenn der Feudalherr, wie das zuweilen vorkam, gleichzeitig ein hoher Würdenträger der Kirche war, so nahm die Anlage ungewöhnliche Dimensionen an und wurde zum äußeren Zeichen der weltlichen und kirchlichen Macht ihres Erbauers, wie uns das Meisterwerk der Bischöfe von Sitten auf dem Hügel von Valère zeigt.

totalité est en ruines aujourd'hui. Qu'il manque toute trace même de construction, le regard saisit comme un éclair le relief si caractéristique du terrain. Un certain type de terrain «à l'état brut»: voilà le dénominateur commun à tout refuge alpestre de populations en péril, quelle que soit la période de son occupation. Car, dépouillées de leurs sanctuaires et de leurs défenses, devenues de nouveau de simples plates-formes rocheuses plus ou moins recouvertes de végétation, ces citadelles haut-médiévales ne se distinguent guère, vues du ciel, des refuges préhistoriques qui parfois les précédèrent.
Dans les cas, toutefois, où les refuges ont été récupérés par les féodaux au début de notre millénaire, il y a de fortes chances qu'il reste des vestiges des défenses, des tours d'habitation, des clochers de la période de la reconstruction. Vorace de tout ce qui se présente à l'objectif, la photo aérienne enregistre et juxtapose tous ces éléments, sacrés et profanes, sur un plan unique qui nous laisse souvent rêveur. A la vue de ces citadelles hérissées de tours de toutes sortes, qui oserait trancher la question de savoir où finissait au juste le domaine de l'Eglise et où commençait celui du seigneur féodal?
Devant les ambivalences de sites comme Valère et Mesocco – deux de nos plus belles «acropoles» médiévales – il est plus sage, sans doute, de renoncer à nos habitudes de pensée et de nous remettre dans la mentalité d'une époque où tout, sans exception, était touché par un sentiment de finalité... religieux. Le survol de ces lieux privilégiés, jalons sur la route millénaire entre la barbarie et la lumière, nous ramène finalement à cette évidence.

Das Flugzeug ist ein wertvolles Hilfsmittel bei der Ortung und Identifizierung jener alten Zitadellen des Glaubens, die heute fast alle in Trümmern liegen. Selbst dort, wo jede Spur des Bauwerks fehlt, läßt sich aus der Luft aufgrund des charakteristischen Bodenreliefs sein einstiger Standort ausmachen. Dieses Relief, gewissermaßen ein Grundplan im Rohzustand, ist in der Tat der gemeinsame Nenner sämtlicher Zufluchtsorte gefährdeter Völkerschaften in den Alpen, ungeachtet der Epoche ihrer Benutzung. Ihrer Heiligtümer und Verteidigungsanlagen entkleidet, sind diese mittelalterlichen Stätten wieder zu einfachen, mehr oder weniger von der Vegetation überwucherten Felsplattformen geworden, die sich aus der Vogelschau kaum von den ihnen vorangegangenen Refugien unterscheiden.
In jenen Fällen aber, wo die Kirchenkastelle zu Beginn unseres Jahrtausends von Feudalherren übernommen wurden, sind große Chancen vorhanden, Überreste der Befestigungsanlagen, der Wohntürme und der Kirchen aus der Zeit des Wiederaufbaus zu finden. Das Flugbild vereinigt alle Elemente, geistliche wie weltliche, auf einer einzigen Ebene – ein Vorgang von symbolhafter Bedeutung. Wer wagte es, beim Anblick jener mit Türmen verschiedenster Art befestigten Zitadellen die Frage zu entscheiden, wo genau der Bereich der Kirche aufhörte und jener des Feudalherrn begann?
Angesichts der Ambivalenz von Anlagen wie Valère und Misox – zweier unserer schönsten mittelalterlichen «Akropolen» – ist es zweifellos klüger, unsere üblichen Denkkategorien einmal zu vergessen und zu versuchen, uns in die Mentalität einer Epoche zurückzuversetzen, wo alles, ohne Ausnahme, von einem Gefühl religiöser Finalität durchdrungen war. Der Flug über diese eindrucksvollen Stätten, Marksteine auf dem tausendjährigen Weg zwischen Finsternis und Licht, führt uns letztlich zu dieser Erkenntnis zurück.

*Valère, Sion (VS)*

Maintes fois gravé, dessiné, peint et décrit depuis le XVe siècle déjà, le mont Valère, qui domine Sion, méritait, plus encore que les autres sites de ce livre, une forme d'approche renouvelée, rajeunie. Nous l'avons donc survolé à diverses altitudes par un après-midi de fin d'hiver sans nous douter, toutefois, que l'appareil photographique était en train de capter une vision insolite de la place. Même un Matthieu Merian, si inventif dans ses réalisations de perspectives aériennes, n'aurait pu imaginer l'effet d'optique que le hasard a révélé à l'observateur aéroporté du XXe siècle.

Prise sous une perspective plongeante, Notre-Dame de Valère paraît diminuée, perdue même dans l'immensité de l'assise rocheuse; et si son plan cruciforme y gagne en netteté, c'est aux dépens de la monumentalité de l'œuvre et du site qui l'a engendrée. Le soleil couchant a suppléé à cette défaillance en portant la silhouette de toute la crête sur le flanc de la colline de Tourbillon. C'est donc par un véritable jeu d'ombres chinoises qu'est restituée ici l'étonnante élévation crénelée de la plus célèbre église-forteresse de Suisse.

*Valeria, Sitten (VS)*

Mehr noch als jede andere der in diesem Band abgebildeten Stätten verdiente der Valeriahügel oberhalb von Sitten, der seit dem 15. Jahrhundert so oft in Kupfer gestochen, gezeichnet, gemalt und beschrieben worden ist, eine neue Perspektive. Wir überflogen ihn an einem spätwinterlichen Nachmittag in verschiedenen Höhen, ohne jedoch zu ahnen, welch ungewöhnliches Bild die Kamera auf den Film bannen würde. Nicht einmal ein Matthäus Merian, der in seinen perspektivischen Ansichten so große Vorstellungskraft bewies, hätte sich einen optischen Effekt träumen lassen, wie ihn der Zufall hier dem Beobachter aus der Luft vor Augen führt.

Aus der Senkrechten aufgenommen, erscheint die Kirchenburg Notre-Dame de Valère verkleinert, sozusagen versunken im Fels, auf dem sie ruht. Ihr kreuzförmiger Grundriß tritt klarer denn je hervor, wogegen sich die Monumentalität der Anlage und der Stätte als Ganzes eher verwischt. Diese läßt sich jedoch an dem Schatten ermessen, den der Hügel von Valère im Sonnenuntergang auf die schneebedeckte Flanke des gegenüberliegenden Tourbillonhügels wirft. Die zinnengeschmückte Silhouette der berühmtesten Kirchenburg der Schweiz gewinnt durch dieses Schattenspiel gewissermaßen eine neue Dimension.

*Hohenrätien (GR)*

«La géographie et l'instinct ont tranché là où trop souvent on a cherché un principe, une raison pour le choix de tel ou tel site.» Ces mots de Pierre Lavedan nous reviennent à l'esprit devant le massif rocher de Hohenrätien, occupé à l'âge du bronze déjà et site, au premier millénaire, d'une étonnante «église-citadelle» (*Kirchenkastell*), la plus élevée du genre que nous ayons rencontrée sur territoire suisse après le Crap Sogn Parcazi.
Hohenrätien surplombe le Rhin postérieur à l'endroit où le fleuve franchit la dernière gorge de la Via Mala, si redoutée à l'époque.
Un cadre pareil est fait pour la naissance des légendes: celle, entre autres, de ce mystérieux prince étrusque dont le nom, Raetus, est aujourd'hui rattaché non seulement à «sa» forteresse mais aussi à la vaste région des Alpes rhétiques qu'il commandait de son siège.
Notre image, prise obliquement à cinquante mètres du sommet du plateau, est un compromis difficile entre une vue d'ensemble (qui aurait mis en valeur l'extraordinaire support rocheux) et une vue détaillée des ruines éparpillées sur toute sa superficie. Tout en haut de l'image se dresse le clocher – tardif – de l'église Saint-Jean, paroissiale de la rive droite de la vallée du Domleschg pendant le haut moyen âge. Probablement alors déjà entouré de murailles, le reste du plateau servait de refuge populaire (*Fluchtburg*). Les tours fortes quant à elles remontent à l'époque féodale, lorsque Hohenrätien était le siège des seigneurs de Rialt, vidomnes de l'évêque de Coire. Les habitants de la vallée incendièrent la place en 1410; seul le sanctuaire fut maintenu, comme église baptismale, jusqu'à la Réforme.

*Hohenrätien (GR)*

«Nur allzuoft hat man versucht, die Wahl eines gegebenen Standorts durch ein Prinzip, einen weithergeholten Grund zu erklären, während es in Wirklichkeit die Geographie und der Instinkt waren, die den Ausschlag gaben.» An diese Worte von Pierre Lavedan werden wir beim Anblick des massiven Felsens von Hohenrätien erinnert, der bereits in der Bronzezeit besiedelt war und im ersten Jahrtausend unserer Zeitrechnung zum Standort eines außergewöhnlichen Kirchenkastells wurde, des höchstgelegenen dieser Art in der Schweiz nach jenem von Crap Sogn Parcazi.
Hohenrätien thront hoch über dem Hinterrhein, dort wo der noch junge Strom seine wilden Wasser durch das letzte Felstor der Via Mala zwängt. Ein solcher Ort ist wie geschaffen für die Entstehung von Legenden, so auch jener von dem geheimnisvollen etruskischen Prinzen Raetus, dessen Name nicht nur in dem «seiner» Burg verewigt ist, sondern auch in der Bezeichnung des weiten Gebiets der Rätischen Alpen, das er von diesem Sitz aus regiert haben soll.
Ganz oben im Bild sehen wir den aus späterer Zeit stammenden Glokkenturm der Johanneskirche, Pfarrkirche der rechten Talseite des Domleschg im Hochmittelalter. Wahrscheinlich damals schon von Mauern eingefaßt, diente der übrige Teil der Plattform als Fluchtburg, das heißt als Zufluchtsort für die Talschaft. Die Befestigungstürme datieren aus der Feudalzeit, als Hohenrätien Sitz der Herren von Rialt, Vicedomini des Bischofs von Chur, war. Im Jahre 1410 wurde die Anlage von den Talbewohnern eingeäschert. Nur das Gotteshaus blieb erhalten und diente bis zur Reformation als Taufkirche.

## *Crap Sogn Parcazi (GR)*

Il existe en Suisse des sites du haut moyen âge qui dépaysent même le médiéviste. Qu'il survole telle église romane du Tessin ou telle ruine de château fort en Valais et ce sont des images du Cantal, de la Catalogne ou de la Castille qui se dessinent dans son esprit. Ce piton rocheux dans l'Oberland grison a beau être une formation géologique conforme aux structures alpestres, il ne nous en rappelle pas moins l'Auvergne millénaire, voire les Météores de la Grèce byzantine.
C'est que le *Rocher de Saint-Pancrace* porte à son sommet les vestiges de l'une des plus curieuses citadelles religieuses que l'on puisse encore rencontrer en territoire suisse. Et que ce genre de citadelle haut perchée servait souvent, en Occident comme en Orient, de refuge au moment du repliement de l'Eglise devant les assauts des Barbares, aux tout premiers siècles du moyen âge.
Malgré l'état très dégradé des lieux, on peut relever les signes des deux formes d'affectation du site auxquelles nous avons fait allusion au début du chapitre. Le petit sanctuaire au milieu du plateau est le dernier reste de l'église fortifiée du début du VI^e siècle. Un peu plus loin, la citerne évoque, au contraire, l'occupation du site, entre le XI^e et le XV^e siècle vraisemblablement, par une dynastie féodale. Mais la nature a fini par reprendre ses droits et ce n'est plus que l'ombre d'un simple massif rocheux recouvert de végétation qui est projetée sur les pentes herbeuses, une centaine de mètres plus bas.

## *Crap Sogn Parcazi (GR)*

Man findet in der Schweiz Stätten aus dem Hochmittelalter, die selbst einen Kenner jener Epoche vergessen lassen, in welchem Land er sich befindet. Beim Überfliegen einer romanischen Kirche im Tessin oder einer Burgruine im Wallis glaubt er sich zuweilen nach Südfrankreich, Katalonien oder Kastilien versetzt. Der hier abgebildete Felsturm im Bündner Oberland ist zwar eine mit den alpinen Strukturen durchaus übereinstimmende geologische Formation, und doch läßt er uns an die geschichtsträchtige Auvergne oder an die Meteoren im byzantinischen Griechenland denken.
Dies rührt daher, daß der Felsen des Heiligen Pankratius auf seiner Spitze die Überreste einer der eigenartigsten religiösen Zitadellen trägt, denen man auf schweizerischem Gebiet begegnen kann. Derartige Zitadellen in schwindelnder Höhe dienten sowohl im Abendland wie im Morgenland als Zufluchtsort für die von den Barbareneinfällen des frühesten Mittelalters bedrohten Christen.
Trotz des schlechten Zustandes der Ruinen lassen sich an den vorhandenen Elementen auch heute noch die beiden aufeinanderfolgenden Funktionen der Stätte erkennen, auf die wir zu Beginn dieses Kapitels hinwiesen. Das kleine Heiligtum in der Mitte der Plattform ist der letzte Überrest des Kirchenkastells aus dem frühen 6. Jahrhundert. Etwas weiter weg zeugt eine Zisterne davon, daß Crap Sogn Parcazi wahrscheinlich zwischen dem 11. und 15. Jahrhundert die Burg einer Feudaldynastie trug. Doch letzten Endes ergriff wieder die Natur von der Stätte Besitz, und der Schatten auf den grasbewachsenen Hängen hundert Meter weiter unten zeichnet bloß noch die Silhouette eines Felsstockes, wie es ihrer in den Alpen so viele gibt.

*Collégiale de Neuchâtel*

On n'a pas l'habitude, en Suisse, de parler d'acropoles. Et pourtant ce plateau fortifié, découpé par des falaises qui sont mises en relief ici par un éclairage rasant, n'est rien d'autre qu'une acropole – ville haute – de l'époque médiévale. Entendons par ce terme un réduit à la fois défensif et sacré: une acropole antique n'était-elle pas identifiée avec son sanctuaire? Or la collégiale de Neuchâtel, qui domine de ses tours géminées toutes les autres constructions, occupe bien une position privilégiée au centre du site. Reliée autrefois au château comtal à l'est et aux remparts du «donjon» à l'ouest, elle constituait un maillon important du réduit où la population de la ville pouvait se retrancher en temps de péril.

Les longues années affectées à sa construction ont fait de cette basilique aux soubassements et au chevet romans un morceau de choix du style gothique. C'est l'impression, du moins, que retire le spectateur aéroporté. Nous remarquerons également ce phénomène en survolant la cathédrale de Lausanne (p. 80), commencée elle aussi dans le dernier tiers du XIIe siècle. Lausanne fut finalement consacrée en octobre 1275, Neuchâtel en novembre 1276. Et même à ce moment-là, leurs clochers respectifs étaient loin d'être terminés!

*Neuenburg, Kollegiatskirche*

Man spricht zwar in der Schweiz gewöhnlich nicht von Akropolen, doch diese befestigte Felsterrasse, deren Relief auf unserem Flugbild besonders klar hervortritt, ist im Grunde nichts anderes als eine Akropolis (Oberstadt) des Mittelalters – worunter wir eine Zufluchtsstätte militärischen und zugleich religiösen Charakters verstehen wollen. Wurde eine Akropolis der Antike nicht mit ihrem Heiligtum gleichgesetzt? Das Heiligtum, die Kollegiatskirche, steht auch hier im Mittelpunkt des Platzes, also an bevorzugter Stelle. In früherer Zeit auf der Ostseite mit der gräflichen Burg und auf der Westseite mit den Befestigungsmauern verbunden, bildet sie ein wichtiges Element der Zitadelle, in der die Stadtbevölkerung in Zeiten der Gefahr Schutz fand.

Im Verlaufe einer mehr als hundertjährigen Bauzeit wurde aus dieser Basilika mit ihrem Unterbau und ihrer Chorhaube romanischen Stils ein erlesenes Beispiel gotischer Architektur. Dies zumindest ist der Eindruck, den der Betrachter aus der Luft gewinnt. Das gleiche Phänomen wird uns auch beim Überflug der Kathedrale von Lausanne (S. 80) auffallen, mit deren Bau ebenfalls im letzten Drittel des 12. Jahrhunderts begonnen wurde. Lausanne wurde schließlich im Oktober 1275 eingesegnet, Neuenburg im November 1276. Selbst damals aber waren die Türme beider Kirchen noch lange nicht vollendet.

## Domat/Ems (GR)

Les curieuses buttes morainiques qui s'élèvent dans la plaine du Rhin à la hauteur de Domat (toponyme dérivé de *tumma*: éminence) ont de tout temps attiré des implantations de caractère défensif. Les châteaux féodaux cités par les textes (*Tumma Casti*) ou représentés par les gravures anciennes ont disparu aujourd'hui, mais la vieille église Saint-Jean-Baptiste manifeste encore cette volonté de défense: surveiller de près la route conduisant au Lukmanier et au San Bernardino et, peut-être, protéger un vieux passage du Rhin.
C'est donc une massive tour romane qui domine cette espèce de tumulus naturel bordant le fleuve et la route. Une tour romane qui, par l'épaisseur de sa maçonnerie et la présence de meurtrières munies de niches-repos, ressemble étonnamment à une tour forte de bonne souche féodale. Le petit vestibule baroque qui lui est accolé se termine par un mur arrondi, irrégulier: serait-ce par hasard le souvenir de l'enceinte qui enfermait toute la place? La vue aérienne ne tranche pas la question, elle incite plutôt à la soulever!

## Domat/Ems (GR)

Die eigenartigen Moränenhügel in der Rheinebene auf der Höhe von Domat (dessen Name sich von *tumma* = Erhebung ableitet) haben den Menschen seit frühester Zeit zur Errichtung von Verteidigungsbauten angeregt. Die in den Texten erwähnten oder auf alten Stichen abgebildeten Ritterburgen (*tumma casti*) sind zwar verschwunden, doch die Kirche St. Johannes Baptist zeugt heute noch vom Willen ihrer Erbauer, die Straße zum Lukmanier und zum San Bernardino aus der Nähe zu überwachen und vielleicht auch einen alten Rheinübergang zu schützen.
Der massive romanische Turm, der den Hügel über dem Fluß und der Straße krönt, gleicht mit seinen dicken Mauern und seinen Schießscharten auf seltsame Weise einem Wehrturm bester feudaler Tradition. Die daran angebaute kleine Vorhalle aus der Barockzeit wird von einer abgerundeten, unregelmäßigen Mauer abgeschlossen – vielleicht eine Erinnerung an die Festungsmauer, die einst den ganzen Platz umgab? Das Flugbild kann die Frage nicht entscheiden, scheint sie aber nahezulegen.

*Muttenz (BL)*

Qu'une vieille église paroissiale, son village et ses terres relèvent, au moyen âge, de dynastes féodaux soucieux de la défense commune, rien de plus normal! Mais que cette église soit, encore aujourd'hui, ceinturée de murailles et de tours, voilà qui est plus exceptionnel. En dehors des citadelles alpines (qui sont d'ailleurs isolées des villages) ne subsistent, à notre connaissance, que deux églises fortes de ce genre en Suisse, l'une et l'autre situées près de la frontière nord. Celle du village de Hallau garde un clocher d'allure militaire mais a perdu la presque totalité de son enceinte flanquée de tours. Saint-Arbogaste de Muttenz, exemplairement restaurée, conserve tous les éléments constitutifs d'une église-refuge des derniers siècles du moyen âge.
Confronté, au sol, à cette vision de tours et de murailles crénelées, le visiteur a quelque peine à concilier ses idées de religion et... de défense armée. Qu'il se laisse hisser à une centaine de mètres du sol et il comprendra comment les deux domaines se recoupaient – et se recoupent encore. Du haut du ciel, Saint-Arbogaste devient en effet un *sanctuaire* au plein sens du terme. Autrefois, la sécurité de tous les habitants était en jeu. La vue aérienne nous aide à situer cette place de refuge communautaire au point de convergence des rues principales, tout en soulignant son caractère «féodal» défensif.

*Muttenz (BL)*

Daß eine alte, im Kernpunkt einer Siedlung und herrschaftlicher Ländereien gelegene Pfarrkirche während des Mittelalters von einem auf die Sicherheit aller seiner Untertanen bedachten Feudalherrn in das Verteidigungsdispositiv einbezogen wurde, ist nicht mehr als natürlich. Daß aber diese Kirche bis zum heutigen Tag von Befestigungsmauern und Wachtürmen umgürtet ist, stellt eher eine Ausnahme dar. Neben den Zitadellen der Alpen (die zudem abseits der Dörfer liegen) haben sich unseres Wissens in der Schweiz nur zwei befestigte Kirchen dieser Art erhalten, beide in der Nähe der nördlichen Landesgrenze. Bei jener im Dorf Hallau erinnert der Glockenturm noch an ihre einstige Rolle als Zufluchtsort, während die Schutzmauern mit ihren Türmen fast vollständig verschwunden sind. Sankt Arbogast zu Muttenz jedoch, auf vorbildliche Weise restauriert, hat sämtliche Elemente einer Kirchenfeste des späten Mittelalters bewahrt.
Der Besucher, der in Bodenhöhe mit diesem trutzigen Bild von Türmen und Mauerzinnen konfrontiert wird, dürfte einige Mühe haben, die dabei aufkommenden Gedanken an Belagerungen und Schlachten mit seinen religiösen Vorstellungen in Einklang zu bringen. Doch bei der Betrachtung aus etwa hundert Meter Höhe wird klar, auf welche Art sich hier das Religiöse und das Militärische überschnitten haben – und noch überschneiden. Von oben her gesehen wird Sankt Arbogast zum Heiligtum im wahrsten Sinne, zur Stätte des Heils. Hier fanden die Bewohner Schutz vor dem anstürmenden Feind. Unser Flugbild zeigt deutlich, daß diese gemeinschaftliche Zufluchtsstätte am leicht zugänglichen Schnittpunkt der Hauptstraßen liegt.

# Emergence du gothique

L'Eglise et la féodalité, ce double contrefort de la civilisation médiévale, étaient profondément ancrées dans le sol. L'image n'est pas simplement métaphorique. Les premières cathédrales – nous l'avons dit plus haut – étaient régulièrement implantées sur des soubassements romains. Plus vulnérables puisque éloignés des cités, l'humble église romane comme l'orgueilleux château fort tiraient leur force de résistance du roc, dont ils n'étaient en quelque sorte qu'un prolongement. Eglise et château du haut moyen âge: deux expressions parallèles, en somme, d'une société encore méfiante, d'une société maintenue continuellement sur la défensive.

Quel contraste alors de voir un beau jour jaillir sur cette toile de fond ténébreuse une architecture lancée à l'assaut du ciel! Désormais, tout sera changé, mais changé progressivement, dans les vieilles villes puis dans les nouveaux centres urbains. Retranchement ancestral d'évêques bâtisseurs, la cathédrale, surtout, sera une nouvelle source de fierté pour la bourgeoisie, qui s'adonnera avec une ferveur sans limite à sa reconstruction.

Beau dérivatif de passions belliqueuses que cet élan constructeur! La rivalité des villes dans l'édification des plus belles, des plus hautes églises gothiques ne s'inscrit-elle pas dans cette tradition d'animosités ancestrales entre grands féodaux qui était à l'origine, nous l'avons constaté dans un chapitre précédent, des fondations urbaines ellesmêmes? Rentrés des croisades en Terre Sainte – où ils eurent, significativement, leur première rencontre avec un élément d'architecture qui s'appelle l'arc brisé – ces seigneurs nouvellement embourgeoisés – c'est-à-dire établis dans les enceintes urbaines – contribuèrent par leur mécénat à l'éclosion du gothique. Toutes les cathédrales serties de chapelles de dévotion privées nous le rappellent encore aujourd'hui.

Les débuts du style gothique en territoire suisse coïncident aussi avec les mouvements d'indépendance qui, de 1182 à 1291, aboutirent au Pacte de la Confédération. Mais il serait absurde d'établir un lien entre ces deux faits, d'autant plus que Genève (p. 78), Lausanne (p. 80), Neuchâtel (p. 72) et Bâle (p. 81), sites des plus belles réalisations gothiques du XIII$^{e}$ siècle sur le territoire de la

# Himmelstrebende Kathedralen

Geistlichkeit und Adel, jene beiden Träger der mittelalterlichen Zivilisation, waren fest im Boden verwurzelt, und dies nicht bloß im übertragenen Sinne. Die ersten Kathedralen unserer Städte wurden, wie wir gesehen haben, auf römischen Grundmauern errichtet. Die schlichte romanische Kirche und die trutzige Burg auf dem Lande hingegen, in ihrer Abgeschiedenheit größeren Gefahren ausgesetzt, schöpften ihre Widerstandskraft aus dem Fels, aus dem sie gewissermaßen hervorwuchsen. Sie erscheinen uns heute als Ausdruck einer noch argwöhnischen Gesellschaft, einer Gesellschaft, die unablässig in der Defensive gehalten wurde.

Welch einen Kontrast zu diesen massiven Bauten bildet die zum Himmel strebende Architektur der Gotik! Sie begann sich im 12. Jahrhundert auszubilden und veränderte allmählich die Silhouette der meisten unserer mittelalterlichen Städte, zunächst der alten Zentren, dann auch der Neugründungen. Vor allem die Kathedrale, einst von Bischöfen gegründet, wurde jetzt zu einer neuen Quelle des Stolzes für das Bürgertum, das sich mit grenzenloser Hingabe an ihren Wiederaufbau machte.

Statt einander zu bekriegen, rivalisierten die Städte nun im Bau der schönsten und höchsten gotischen Kirchen. War dieser Wettbewerb in einem gewissen Sinne nicht eine Fortsetzung der alten Rivalitäten zwischen mächtigen Geschlechtern, die überhaupt erst den Anstoß zur Städtegründung gaben? In der Tat leisteten die Nachkommen jener Geschlechter – von den Kreuzzügen ins Heilige Land zurückgekehrt, wo sie erstmals dem architektonischen Element des Spitzbogens begegnet waren – durch tatkräftige Förderung einen wichtigen Beitrag zur Entfaltung der Gotik. Die einst familieneigenen Andachtskapellen unserer Kathedralen erinnern bis heute daran.

Die Anfänge des gotischen Stils auf dem Gebiet der heutigen Schweiz fallen zeitlich mit den Unabhängigkeitsbewegungen zusammen, die 1182 einsetzten und 1291 zum Abschluß des «Ewigen Bunds» führten. Es wäre jedoch absurd, zwischen diesen beiden Entwicklungen einen Zusammenhang herzustellen, zumal die Städte Genf (S. 78), Lausanne (S. 80), Neuenburg (S. 72) und Basel (S. 81), die sich heute rühmen können, die schönsten

Suisse actuelle, étaitent des villes fort éloignées du berceau de la Confédération! La Suisse primitive – Urschwyz – se méfiait quant à elle du nouveau style. Certaines hautes vallées des Alpes centrales attendront même jusqu'au XVI^e^ siècle avant de l'adopter!
Création et orgueil de la ville médiévale, le gothique gagne à être replacé par l'image dans son habitat d'élection. La prospection aérienne a de grands avantages, à ce titre, sur les prises de vue au sol. La photographie traditionnelle de cathédrales ne peut faire autrement que de tourner résolument le dos à la ville; la photographie aérienne, au contraire, restitue le sanctuaire à cette communauté humaine qui l'érigea et qui, pendant des siècles, l'épaula de ses maisons.
Plongée dans cet océan d'humains, la cathédrale gothique ne reste pas pour autant prisonnière des flots! Tout ici est élan et lumière. Arcs-boutants, parapets, flèches et pinacles font fi de la gravitation dans leur joyeuse escalade vers l'empyrée. «C'est à la faculté de s'envoler que l'on reconnaît que le gothique a atteint la perfection.»[1]
L'aspiration aux vertus de la Cité céleste par ces prestigieux vaisseaux de pierre n'est jamais ressentie avec autant d'acuité que lorsque nous est donnée, à nous aussi, «la faculté de s'envoler»!

gotischen Bauten aus dem 13. Jahrhundert in der ganzen Schweiz zu besitzen, weitab von der Wiege der Eidgenossenschaft lagen. Die Urschweiz für ihr Teil betrachtete den neuen Stil mit Mißtrauen. Einige Hochtäler der Zentralalpen sollten sogar das 16. Jahrhundert verstreichen lassen, ehe sie ihn übernahmen.
Schöpfung und Stolz der mittelalterlichen Stadt, kann es der gotischen Kathedrale nur zum Vorteil gereichen, auf dem Bild wieder in ihren eigentlichen Rahmen eingefügt zu werden. Die Flugaufnahme bietet hier entschieden bessere Möglichkeiten als die Aufnahme vom Boden her. Bei den herkömmlichen Ansichten dreht der Betrachter der Stadt unweigerlich den Rücken; das Flugbild dagegen stellt den Bezug zwischen dem Gotteshaus und jener menschlichen Gemeinschaft wieder her, die es einst erbaute und es Jahrhunderte hindurch mit ihren sich rundum scharenden Häusern schützte.
Mit ihrem Sockel wohl im Meer der Stadt verankert, bleibt die gotische Kathedrale doch keineswegs Gefangene der Tiefe. Ihre ganze Gestalt ist Aufschwung und Licht, Ausdruck des geistigen Strebens ihrer Erbauer. Pfeiler, Brüstungen, Turmspitzen und Zinnen scheinen sich in ihrem mühelosen Aufstieg zum Himmel über alle Gesetze der Schwerkraft hinwegzusetzen. «In der Fähigkeit, sich aufzuschwingen, liegt die wahre Leistung der Gotik.»[1] Die Botschaft, die uns diese herrlichen Bauwerke übermitteln, wird nie so klar verständlich wie dann, wenn es auch uns gegeben ist, uns in die Höhe zu schwingen.

[1] «The ability to soar is the keynote of the Gothic achievement», in John Harvey, *The Gothic World*, Bastford 1950.

[1] «The ability to soar is the keynote of the Gothic achievement», aus *The Gothic World* von John Harvey, Batsford, London, 1950.

*Cathédrale de Fribourg*

Conçue par un Germanique – le duc Berthold IV de Zähringen – et implantée au XIIe siècle aux confins des terres romandes sur «l'obscure frontière des deux empires», Fribourg cumule encore aujourd'hui les vertus de sa double ascendance. Cela se sent obscurément, entre la pénombre et la muraille, au niveau de la rue. Mais voici maintenant un visage de Fribourg tout ordonné et lumineux: le visage que la plus belle ville médiévale de Suisse réserve à celui qui s'approche d'elle par la voie des airs.
C'est l'église Saint-Nicolas qui frappe le regard en premier lieu, et c'est normal. Car pendant les trois siècles du bas moyen âge, c'est elle surtout qui a polarisé les aspirations des habitants. Elle est aussi ancienne dans ses fondations que le quartier du Bourg qui l'entoure et elle doit sa position dominante au fait, justement, que son fondateur avait pu lui accorder une place prioritaire – après le château ducal – dans la distribution du terrain sur le haut du promontoire.
Le prestigieux clocher frontal qui domine notre image est le fruit, lui aussi, d'une double ascendance. Deux chantiers successifs, l'un d'inspiration strasbourgeoise-alémanique, l'autre savoyard, contribuèrent à son édification entre 1390 et 1490, l'époque du style gothique flamboyant. Unique élément de verticalité dans tout le flot d'habitations visibles du ciel, le clocher de Saint-Nicolas est en même temps une manière de symbole du monde de lumière atteint finalement par un dépassement délibéré de la condition humaine!

*Freiburg, Kathedrale*

Von einem deutschen Fürsten – Herzog Berchtold IV. von Zähringen – im 12. Jahrundert im Grenzgebiet des französischen Kulturraums gegründet, trägt Freiburg heute noch den Stempel seiner doppelten Abkunft. Sein eigenartiger Reiz wird schon dem Besucher offenbar, doch sein schönstes Gesicht zeigt Freiburg, Meisterwerk des mittelalterlichen Städtebaus auf dem Gebiet der Schweiz, dem Betrachter aus der Luft: ein Gesicht von vollkommener Klarheit und Reinheit.
Dominante des Stadtbildes ist die Kathedrale St. Niklaus. Wie könnte es auch anders sein? War sie es doch vor allem, um die in den ersten Jahrhunderten nach der Stadtgründung die Gedanken der Bewohner kreisten. Ihre Fundamente sind ebenso alt wie der Stadtkern in ihrem Umkreis selbst, woraus sich denn auch ihre beherrschende Position – unweit des einstigen Standorts der Burg ihres Gründers – auf dem höher gelegenen Teil der Saane-Halbinsel erklärt.
Der hochaufragende Frontturm ist wie die Stadt selbst eine Mischung aus zwei Traditionen. Er entstand zwischen 1390 und 1490 in zwei Etappen, wobei in der ersten straßburgisch-deutsche, in der folgenden savoyische Stilelemente zur Anwendung kamen. Einzige Vertikale im horizontalen Dächergewoge, erscheint der Turm von St. Niklaus wie ein Symbol menschlichen Strebens zu den lichten Höhen des Geistes.

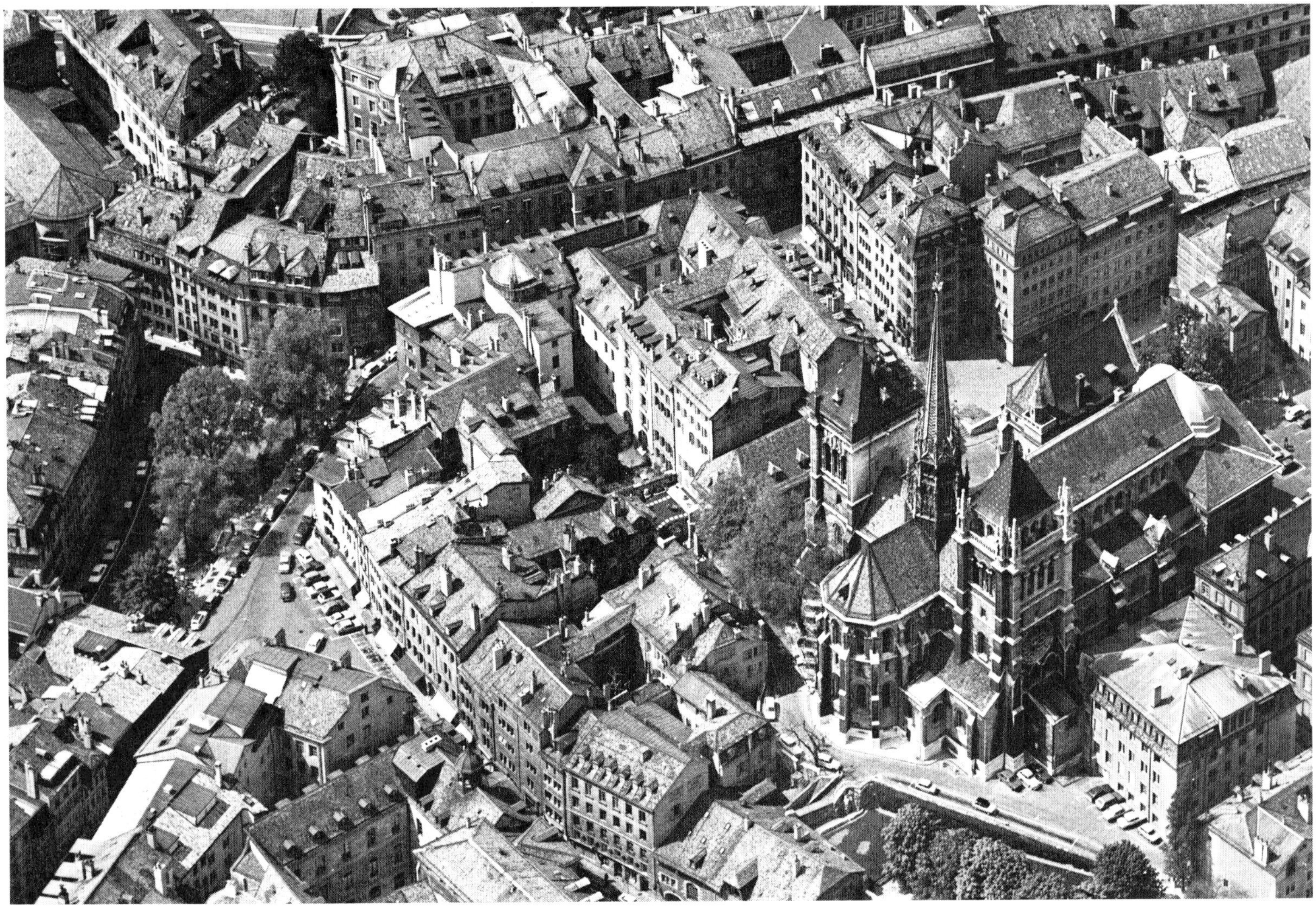

*Cathédrale de Genève*

Un sol consacré par une cathédrale manifeste plus fortement que tout autre les permanences historiques évoquées dans ces pages. Le site de Saint-Pierre de Genève était déjà vénérable au moment de l'achèvement du gros œuvre de l'édifice gothique, vers 1225. Dans l'aire restreinte de notre image, neuf siècles d'histoire antique et médiévale avaient marqué de leur empreinte la forme, la force et la destinée même de ce sanctuaire voué à jouer un rôle significatif à l'époque de la Réforme.
On distingue dans notre image deux niveaux séparés par une forte déclivité de terrain. Celle-ci correspond au flanc est de l'enceinte réduite que construisirent au IV^e^ siècle les habitants rescapés des premières invasions barbares. La *civitas* romaine ainsi délimitée sur son promontoire ne tarda pas à devenir Cité épiscopale, les prélats seuls assumant la fonction, pendant le moyen âge, de souverains temporels de la ville.
La première basilique retrouvée dans les fouilles se servait déjà de l'enceinte comme appui; la troisième, la cathédrale actuelle, la chevauche. Dressé ainsi sur des soubassements du Bas-Empire, le beau chevet de Saint-Pierre, du style du premier gothique, sera une manière de rempart, lui aussi, pendant les siècles troubles qui suivront sa construction.

*Genf, Kathedrale*

Die durch eine Kathedrale konsekrierte Stätte ist wie kaum eine andere Zeugnis jener über Jahrhunderte hinwegreichenden Kontinuität, von der in diesen Seiten die Rede ist. Der Standort von St. Peter in Genf war schon um 1225, als der Unterbau der gotischen Kathedrale fertiggestellt wurde, ein geschichtsträchtiger Ort. In dem gedrängten Raum, der auf unserem Bild zu sehen ist, hatten neun Jahrhunderte antiker und mittelalterlicher Überlieferung die Prämissen für Gestalt, Ausstrahlung und Schicksal dieses Gotteshauses geschaffen, das während der Reformation eine so bedeutsame Rolle spielen sollte.
Wir unterscheiden hier im Gelände zwei Ebenen, die durch einen steilen Abfall deutlich voneinander geschieden sind. Dieser Abfall entspricht der östlichen Flanke der ursprünglichen Stadtmauer, die im 4. Jahrhundert, nach den ersten Barbareneinfällen, entstand. Die dadurch auf ihrer Anhöhe eingegrenzte *civitas* der Römerzeit sollte bald Bischofssitz werden, und im Mittelalter übten die Prälaten allein die weltliche Herrschaft über die Stadt aus.
Die erste Basilika, die bei Ausgrabungen zum Vorschein kam, lehnte sich an die Stadtmauer an. Die dritte, das heißt die heutige Kathedrale, steht darauf. Die schöne Chorhaube im frühgotischen Stil von St. Peter sollte in den unruhigen Jahrhunderten nach ihrem Bau auf spätrömischen Fundamenten wie die einstige Befestigungsmauer auf ihre Art als Abgrenzung gegen das Chaos dienen.

*Collégiale de Berne*

Le survol du noyau primitif de la Berne du XII$^{e}$ siècle – le quartier du Nydegg (p. 50) – nous a déjà révélé l'aspect insolite de la structure de la ville. Ici le point de vue change: la photo a été prise côté sud-ouest, à la hauteur de la ville du XIII$^{e}$ siècle, faisant apparaître deux autres particularités. Dans le plan horizontal d'abord, c'est toute la rigueur de la pensée des fondateurs qui se dégage de l'alignement des maisons, disposées sans failles le long des trois artères parallèles. Toile de fond et repoussoir pour faire mieux surgir, dirait-on, le seul élément vertical de l'image: l'admirable clocher gothique de l'ancienne église collégiale Saint-Vincent.
Ce clocher, les Bernois durent attendre près de trois siècles avant de pouvoir l'admirer! Au XIII$^{e}$ siècle, leur ville neuve se trouvait encore rattachée à la périphérie de la grande paroisse de Köniz – ce qui les obligea à bâtir eux-mêmes la première (et bien modeste) «église bourgeoisiale», promue paroissiale autonome en 1276. Un siècle et demi plus tard, en mars 1421, ce fut l'ouverture du chantier de la grande collégiale sur le même site, œuvre digne enfin d'un Etat souverain. Commencée à la hauteur du chevet, elle ne reçut son clocher-porche qu'au XVI$^{e}$ siècle; et encore ne fut-il achevé, à proprement parler – par l'adjonction d'un octogone et d'une flèche – qu'à la fin du siècle dernier.
La patience proverbiale des Bernois, en fin de compte, s'est révélée payante: leur collégiale n'est-elle pas considérée comme l'exemple le plus remarquable en Suisse du gothique final, le gothique flamboyant?

*Bern, Münster*

Der Flug über den ältesten Teil Berns, das auf das 12. Jahrhundert zurückgehende Nydeggquartier (S. 50), hat uns bereits die ungewöhnliche Struktur der Unterstadt vor Augen geführt. In dieser Aufnahme von Südwesten her, von der Höhe der Stadt des 13. Jahrhunderts aus gesehen, treten zwei andere Merkmale hervor: in der Horizontalen die strenge Gliederung der Häuserzeilen und der drei parallelen Gassen, in der Vertikalen der graduelle Aufschwung des herrlichen gotischen Turms der einstigen Stiftskirche St. Vinzenz.
Jahrhunderte mußten sich die Berner gedulden, bis sie diesen Turm in seiner endgültigen Gestalt bewundern konnten. Die Stadt des 13. Jahrhunderts lag an der Grenze der großen Pfarrei Köniz, weshalb sich die Bewohner genötigt sahen, die erste (und recht bescheidene) «Burgerkirche» selbst zu bauen. 1276 erhielt sie den Status einer autonomen Pfarrkirche, und eineinhalb Jahrhunderte später, im März 1421, wurde dann schließlich an der gleichen Stelle der Grundstein zu dem großen Münster gelegt, wie es eines souveränen Staates wohl würdig war. Da mit dem Bau im Chor begonnen wurde, konnten die Arbeiten für den dem Hauptportal übergelagerten Turm nicht vor Ende des 15. Jahrhunderts aufgenommen werden. Der Helm entstand jedoch erst in den letzten Jahrzehnten des 19. Jahrhunderts.
Die sprichwörtliche Geduld der Berner hat sich aber letztlich doch bezahlt gemacht: Ihr Münster gilt heute als das schönste Bauwerk der Spätgotik in der Schweiz.

*Cathédrale de Lausanne*

Eperon en forme de larme moulé par les vallons de deux ruisseaux coulant des hauteurs du Jorat vers le Léman, la colline où s'est édifiée la Cité des évêques de Lausanne se révèle déjà de loin, par la voie des airs, un pur chef-d'œuvre de la nature. Il est bon de le souligner car, depuis que cette féconde matrice porte en son sein un autre chef-d'œuvre, tout de pierre et de lumière, c'est lui qui capte toute l'attention.
La plus grande et la plus prestigieuse des cathédrales gothiques de Suisse trône depuis plus de sept siècles sur le rebord méridional du promontoire dominant la ville basse. L'orientation traditionnelle des sanctuaires imposait ici une implantation non pas en longueur, mais en largeur par rapport à l'axe de la Cité. Cette contrainte dut poser de graves problèmes de terrassement, tant du côté du chevet, à l'est, que de celui de l'entrée, à l'ouest, pour assurer à l'ouvrage toute son extension.
L'approche aérienne adoptée ici met avant tout en valeur l'importance du «massif occidental» du XIII$^{e}$ siècle, espèce de sanctuaire avancé de tradition carolingienne, muni de tribunes et flanqué de deux tours, dont l'une – celle du nord – est restée visiblement inachevée. D'autres vues prises du sud semblent confirmer la surprenante supposition des archéologues: entre ce massif et la nef proprement dite aurait couru de part en part un passage voûté, prolongement de la rue Cité-Devant, axée nord-sud. La cathédrale de Lausanne aurait donc été un carrefour, point de rencontre insolite d'une rue de ville et d'une voie de salut!

*Lausanne, Kathedrale*

Die Anhöhe, auf der die Bischöfe von Lausanne ihre Stadt errichteten, ein durch zwei vom Jorat zum Genfersee fließende Bäche gebildeter Felssporn, enthüllt sich dem Betrachter aus der Luft schon von weitem als Meisterwerk der Natur. Dies sei ausdrücklich betont, denn seit diese Anhöhe ein anderes Meisterwerk trägt, ein von Menschenhand geschaffenes aus Stein, zieht vor allem dieses den Blick auf sich.
Am südlichen Rand des Felsrückens über der Unterstadt thront seit mehr als sieben Jahrhunderten die größte und berühmteste gotische Kathedrale der Schweiz. Die traditionelle Ost-West-Ausrichtung der Gotteshäuser zwang hier zu einer Anlage nicht in der Länge, sondern quer zur Achse der Stadt, woraus sich schwierige Terrassierungsprobleme ergaben, sowohl auf der Chorseite im Osten als auch auf der Seite des Eingangs im Westen, um dem Bauwerk eine angemessene Flächenausdehnung zu sichern.
Unsere Flugaufnahme bringt vor allem die Bedeutung der Westpartie des 13. Jahrhunderts zur Geltung, das heißt jenes vorgelagerten Teils karolingischer Tradition mit Emporen und zwei Seitentürmen, deren einer – der nördliche – offensichtlich unvollendet blieb. Andere Aufnahmen von Süden her scheinen die überraschende Hypothese der Archäologen zu bestätigen, wonach früher zwischen diesem Teil und dem eigentlichen Langhaus ein Bogengang durchführte, der eine Verlängerung der in Nord-Süd-Richtung verlaufenden Rue Cité-Devant bildete. Die Kathedrale von Lausanne wäre somit gewissermaßen ein Kreuzweg gewesen – Schnittpunkt einer städtischen Straße mit dem Pfad des Heils.

*Cathédrale de Bâle*

Implantée au sommet d'une colline dominant la ville d'un côté et le Rhin de l'autre, cette majestueuse cathédrale témoigne encore du prestige de ses bâtisseurs, les princes-évêques de Bâle, maîtres après Dieu et l'empereur d'un vaste domaine qui s'étendait des confins alsaciens jusqu'aux rives du lac de Bienne. On devine au premier plan, encadrant en quelque sorte le transept, l'amorce du cloître et du palais épiscopal gothiques qui constituèrent, avec la grande basilique, le siège temporel et spirituel des prélats tout au long du moyen âge.
Vu du sol, le *Münster* de Bâle est une œuvre caractéristique du style bas-roman ou de transition: la nef, le chœur, le portail latéral et une profusion de chapiteaux sculptés en témoignent. Mais en prenant de l'altitude, on découvre une architecture de pur style gothique. Les raisons de cette juxtaposition de styles ne sont pas imputables à la volonté des bâtisseurs, bien au contraire! En 1356, Bâle fut secouée par un tremblement de terre d'une violence extrême, et toutes les parties hautes de la cathédrale romane – y compris les tours du chevet, d'ailleurs jamais reconstruites – s'effondrèrent. Ce que nous apercevons d'en haut est donc issu pour l'essentiel des reconstructions postérieures au désastre, reconstructions qui, dans le cas des tours géminées de la façade, se poursuivirent, littéralement étage par étage, jusqu'aux dernières années du moyen âge.

*Basel, Münster*

Diese majestätische Kathedrale auf einer Anhöhe über der Stadt und dem Rhein zeugt heute noch vom Ruhm ihrer Erbauer, der Fürstbischöfe von Basel, nach Gott und dem Kaiser Herren eines weiten Gebiets, das sich von den Grenzen des Elsaß bis an die Ufer des Bielersees erstreckte. Im Vordergrund, in unmittelbarer Umgebung des Querschiffes, errät man die Ansätze des gotischen Kreuzgangs und des Bischofspalastes, der das ganze Mittelalter hindurch den weltlichen und geistlichen Sitz der Prälaten bildete.
Vom Boden aus gesehen, erscheint das Basler Münster als charakteristisches Werk der Spätromanik beziehungsweise des Übergangs zur Gotik: Langhaus, Chor, Seitenportal und die vielen kunstvoll behauenen Kapitelle zeugen davon. Doch aus der Höhe bietet sich uns das Bild reinster gotischer Architektur. Dieses Übereinander zweier Stilrichtungen entsprang keineswegs dem Wunsche der Erbauer, im Gegenteil! Im Jahre 1356 wurde Basel von einem heftigen Erdbeben erschüttert, das sämtliche Hochpartien der romanischen Kathedrale zum Einsturz brachte, die Türme der Chorhaube eingeschlossen. Diese letzteren wurden übrigens nie wieder aufgebaut. Was wir von oben sehen, ist somit im wesentlichen das Ergebnis der Wiederaufbauarbeiten, die nach der Katastrophe begannen und die sich im Fall der Fassaden-Doppeltürme bis in die letzten Jahre des Mittelalters hinzogen.

*Zernez (GR)*

Les vallées alpestres, nous l'avons vu, accueillirent avec beaucoup de réticence un style d'architecture religieuse qui était non seulement plus onéreux que le roman mais qui avait aussi, à l'origine du moins, le fâcheux renom d'être une invention «étrangère» (*opus francigenum*) au service principalement des villes. Si finalement le gothique réussit à vaincre cette méfiance instinctive, c'est que les innovateurs les plus hardis parmi les montagnards trouvèrent le moyen de l'introduire chez eux en douceur, par la petite porte, en pièces détachées.
Aujourd'hui, le visiteur des plus humbles sanctuaires rhétiques de tradition romane peut avoir la surprise, par exemple, de découvrir, dans la pénombre de l'intérieur, de merveilleux cycles de peintures murales gothiques, «repentirs» en quelque sorte des derniers siècles du moyen âge. Autre source d'étonnement pour le touriste qui ne connaît pas encore les Alpes: ces clochers hybrides issus d'exhaussements successifs à partir d'une souche romane. L'Engadine a poussé cet art du lancement de flèches gothiques à un degré plus... élevé que partout ailleurs en Suisse; après mûre réflexion bien entendu, comme en atteste le clocher de l'église de Zernez. Car cette éclatante conquête du ciel ne fut réalisée, à partir de la plate-forme de lancement déjà en place, qu'en 1607!

*Zernez (GR)*

Die Alpengegenden, wir haben bereits darauf hingewiesen, übernahmen den gotischen Stil erst nach langem Zögern, nicht nur weil größere Kosten damit verbunden waren, sondern auch weil er, zumindest ursprünglich, in dem etwas zweifelhaften Rufe stand, eine «fremde» Erfindung (*opus francigenum*) im Dienste der Städte zu sein. Wenn es der Gotik letztlich doch gelang, dieses instinktive Mißtrauen zu überwinden, so deshalb, weil die kühnsten Erneuerer unter den Berglern Mittel und Wege fanden, sie sozusagen durch die Hintertür einzuführen, in Form einzelner Elemente.
So kann der Besucher eines schlichten romanischen Gotteshauses irgendwo im Bündnerland die Überraschung erleben, im Halbdunkel des Innenraums herrliche Zyklen gotischer Wandmalereien zu entdecken, Reuebekenntnisse gewissermaßen der letzten Jahrhunderte des Mittelalters. Nicht minder erstaunlich sind für den Touristen, der die Alpen noch nicht kennt, jene Zwittertürme, die aus der mehrfachen Aufstockung romanischer Turmbauten entstanden. In dieser Kunst, gotische Helme aufzusetzen, hat es das Engadin weiter – oder, genauer gesagt, höher – gebracht als jede andere Gegend der Schweiz – nach reiflicher Überlegung, versteht sich, wie uns der Turm der Kirche von Zernez zeigt. Dieser himmelstrebende Pfeil wurde in der Tat erst 1607 vollendet.

# Résurgence d'églises en ruines

Petits ou grands, les sanctuaires qui proclament l'éternité du salut subissent tout de même la loi qui emporte, à plus ou moins longue échéance, toute création humaine. Victimes, pour la plupart, des fléaux de la nature ou des dévastations de la guerre, les plus anciens d'entre eux ont apparemment disparu à tout jamais; et pourtant...
Peu après l'an mille, aux dires du moine Raoul Glaber, de nouvelles églises couvraient «comme un blanc manteau» la surface de la terre. Aujourd'hui, beaucoup de ces églises-là sont recouvertes à leur tour, mais quelques mètres à peine les séparent de nous. Les étonnantes réussites de l'archéologie sont partout en évidence: elles nous rappellent les liens en profondeur qui rattachent, plus souvent qu'on ne le pense, nos sanctuaires contemporains à leurs prédécesseurs enfouis.
La descente des quelques marches conduisant aux cryptes et aux caveaux des fouilles acquiert facilement pour nous la valeur d'un pèlerinage aux sources de la foi. Bien compréhensible, alors, cette vénération du site sacré si caractéristique de la mentalité médiévale! Dans sa résurrection du passé, l'archéologie tire un grand parti du traditionalisme de l'Eglise, qui, au moyen âge déjà, au moyen âge surtout, a cherché à assurer ainsi la permanence du lieu cultuel.
L'abandon total d'une église au moyen âge peut être tenu comme un échec de ce programme. Indice, presque toujours, d'un changement de centre de gravité de l'habitat rural, ce fut l'un des aléas les plus curieux de l'époque des fondations urbaines. Une ville neuve était, en général, établie en bordure d'une paroisse déjà existante. Pour se rendre aux offices, les bourgeois devaient donc se déplacer, jusqu'au jour où ils obtinrent, en dépit des protestations du curé lésé, l'autorisation de bâtir leur propre sanctuaire à l'intérieur de leurs murailles. Ainsi, le démembrement des anciennes paroisses conduisit irréparablement à la décadence des sanctuaires primitifs, souvent abandonnés avant même la fin du moyen âge.
La méthode de la prospection aérienne des sites d'églises totalement disparues n'a pas encore fait ses preuves en Suisse. Quant aux ruines encore repérables du ciel, elles pourraient presque se compter sur les doigts! Le Plateau

# Schicksale verfallener Kirchen

Auch die geweihten Stätten, die die Ewigkeit des Heils verkünden, unterliegen jenem Gesetz, das über kurz oder lang jede menschliche Schöpfung dahinrafft. In ihrer Mehrzahl dem Zerstörungswerk der Natur oder Kriegen zum Opfer gefallen, sind die ältesten unter ihnen anscheinend für immer verschwunden.
Kurz nach der Jahrtausendwende überdeckten nach den Worten des Mönchs Raul Glaber neue Kirchen «wie ein weißer Mantel» die Erdoberfläche. Heute sind viele dieser Kirchen ihrerseits überdeckt, doch nur wenige Meter trennen sie von uns. Die erstaunlichen Entdeckungen der Archäologie haben es bewiesen. Sie zeigen uns den Zusammenhang, der, öfter als man denkt, zwischen den Fundamenten unserer heutigen Gotteshäuser und denen ihrer versunkenen Vorgänger besteht.
Der Abstieg in die Krypten und Ausgrabungsgewölbe unter unseren Kirchen wird damit eine Art Wallfahrt zu den Quellen des Glaubens. Nun erst verstehen wir jene Verehrung der heiligen Stätten, wie sie für die mittelalterliche Mentalität so charakteristisch war. Bei der Wiedererweckung der Vergangenheit kommt dem Archäologen der Traditionalismus der Kirche, die bereits im Mittelalter – und vor allem im Mittelalter – die Permanenz der Kultstätte zu gewährleisten suchte, sehr zustatten.
Die vollständige Aufgabe einer Kirche im Mittelalter kann als Scheitern dieses Versuchs gewertet werden. Fast immer war es die Folge einer Schwerpunktverlagerung im ländlichen Siedlungsbereich. Die Errichtung einer neuen Stadt erfolgte meist am Rande einer bereits bestehenden Pfarrgemeinde. Ihre Bürger waren daher gezwungen, für den Besuch des Gottesdienstes einen recht langen Weg unter die Füße zu nehmen, bis sie schließlich trotz der Proteste des betroffenen Pfarrers die Erlaubnis erhielten, innerhalb der Stadtmauern eine eigene Kirche zu bauen. Die Zerstückelung alter Pfarreien führte auf diese Weise unvermeidlich zum Verfall der Gotteshäuser, die oft schon im Spätmittelalter aufgegeben wurden.
Die Flugbildtechnik hat sich bei der Auffindung von Standorten vollständig verschwundener Kirchen in der Schweiz bisher nicht bewährt. Die aus der Luft noch erkennbaren Ruinenstätten kann man beinahe an den

suisse, scrupuleusement nettoyé de vieilles pierres d'églises, n'offre plus rien de comparable à ces majestueux «parcs à ruines» d'abbatiales gothiques auxquels l'Angleterre voue depuis bientôt deux siècles des soins particuliers. Heureusement, les hasards de leur «conservation» ont été plus favorables en montagne qu'en plaine. C'est là que l'on retrouve ces vieilles abbatiales désaffectées et ces anciennes paroissiales reclassées, remplissant, au mieux, une fonction subalterne. Les amateurs de ce genre de sites ne peuvent que rendre grâces au manque chronique de ressources en montagne, celles qui auraient permis, dans une économie plus florissante, la reconstruction des ruines... ou leur démolition!

Le grand vide de la montagne qui entoure aujourd'hui ces places ne doit pas nous induire en erreur. La vie animait autrefois ces sanctuaires de villages, abandonnés à la suite d'un incendie ou de la peste. A Gonda, en Basse-Engadine, les vestiges d'une chapelle romane sont tout ce qui reste d'une localité emportée au XVI^e^ siècle par une avalanche. Les retranchements populaires de la Rhétie qui encadrent encore le plus grand nombre d'églises désaffectées en ce pays vibraient autrefois au passage des armées... et aux chants de louange des habitants épargnés. Ces ruines-là, héroïques dans leur isolement sur les hautes terrasses des Alpes, sont assurément les plus belles de Suisse. Elles ne sont pas près pour autant de livrer leurs secrets, encore moins à nous qui les survolons. L'instant symbolique d'un battement d'ailes, d'un déclic d'obturateur, et ces sanctuaires muets, blocs erratiques déposés sur les rivages du temps, rentrent de nouveau dans le mythe!

Fingern abzählen. Das schweizerische Mittelland wurde so gründlich von allen Kirchenresten gesäubert, daß dort nichts mehr zu sehen ist, was sich mit den eindrucksvollen «Ruinengärten» gotischer Abteien vergleichen ließe, denen Großbritannien schon seit bald zwei Jahrhunderten so sorgsame Pflege angedeihen läßt. Glücklicherweise aber waren die «Überlebensbedingungen» in den Bergen günstiger als im Flachland. Man findet dort eine ganze Reihe alter, verlassener Abteikirchen und einstiger Pfarrkirchen, die heute bloß noch eine untergeordnete Rolle spielen. Die Liebhaber solcher Stätten müßten für den chronischen Mangel an Geldmitteln in den Berggegenden eigentlich dankbar sein, denn in einer florierenden Wirtschaft wäre vielleicht der Wiederaufbau, eher wohl aber die Vernichtung der Ruinen praktiziert worden.

Die Stille, die diese Stätten heute umgibt, darf uns nicht täuschen. In alter Zeit herrschte dort ein reges Dorfleben, das dann aber durch einen Brand oder durch die Pest jäh zum Stillstand kam. In Gonda im Unterengadin zum Beispiel sind die Ruinen einer romanischen Kapelle alles, was von einer im 16. Jahrhundert durch eine Lawine zerstörten Ortschaft übriggeblieben ist. Die Schutzgräben, die heute noch die meisten der verlassenen Kirchen Rätiens einfassen, erdröhnten einst vom Lärm vorbeiziehender Heere oder vom Lobgesang der verschont gebliebenen Dorfbewohner.

Jene in ihrer Abgeschiedenheit auf hohen Alpenplattformen heroisch anmutenden Ruinenstätten gehören ohne jeden Zweifel zu den schönsten der Schweiz. Noch haben sie ihre Geheimnisse nicht gelüftet, für uns, die wir sie im Flug überqueren, noch weniger. Ein kurzer symbolischer Augenblick, gerade lang genug, um sie auf den Film zu bannen – und schon sinken diese stillen Gemäuer, diese Findlinge an den Gestaden der Zeit, wieder ins Mythische zurück...

## *Goldswil (BE)*

Il est extrêmement rare de rencontrer, quand il s'agit d'églises abandonnées à l'époque de la Réforme, un clocher isolé aussi bien conservé que celui-ci. A Goldswil, près d'Interlaken, cela tient peut-être en partie à la robustesse de la construction, en partie à la position surélevée du sanctuaire, centre de l'ancienne paroisse de Ringgenberg pendant les quatre derniers siècles du moyen âge. Il n'est pas exclu non plus que le clocher ait été aménagé pour le guet (le dernier étage a disparu aujourd'hui) et que les Bernois l'aient conservé un certain temps comme poste d'observation du trafic lacustre et terrestre. Quoi qu'il en soit, la tour et les restes du sanctuaire roman offrent aux rares visiteurs de ce site un spectacle peu commun.
Nous l'avons éprouvé à notre manière lors d'un survol de la place en hélicoptère. Si le clocher perdait, par le fait du rabattement des plans, un peu de sa majesté, les fouilles, elles, prenaient une nouvelle dimension. Et quel ne fut pas notre soulagement de constater, après un moment d'hésitation, que ces petites taches colorées alignées sur la nef n'étaient pas des voitures en stationnement (comme nous l'avons craint d'abord), ni des ruches, mais des tombeaux fleuris, preuve, s'il en fallait, que le sanctuaire abandonné de Goldswil n'est pas tout à fait sorti du souvenir des hommes!

## *Goldswil (BE)*

Nur sehr selten findet man bei Kirchen, die seit der Reformation ihrem Schicksal überlassen blieben, alleinstehende Glockentürme in so gutem Zustand wie bei jener in Goldswil bei Interlaken. Zweifellos verdankt er seine Erhaltung zu einem nicht geringen Teil seiner soliden Konstruktion, zum Teil aber auch der erhöhten Lage des einstigen Gotteshauses, das in den letzten vier Jahrhunderten des Mittelalters den Kernpunkt der damaligen Pfarrei Ringgenberg bildete. Es ist freilich auch nicht ausgeschlossen, daß es später zum Wachturm umgebaut wurde (das oberste Stockwerk ist nicht erhalten) und daß die Berner ihn noch eine Zeitlang benutzten, um von hier aus den See- und Landverkehr zu überwachen. Wie dem auch sei, der Turm und die Überreste der romanischen Kirche selbst bieten den wenigen Besuchern, die sich hierher «verirren», einen Anblick von ungewöhnlichem Reiz.
Wir gewahrten dies auf unsere Weise, als wir die Stätte im Helikopter überflogen. Wenn auch der Glockenturm durch die Verflachung aus der Vogelperspektive etwas von seiner Würde einbüßt, so gewinnt dafür das Ausgrabungsfeld eine neue Dimension. Wir atmeten erleichtert auf, als wir nach einem Augenblick der Ungewißheit feststellten, daß die kleinen farbigen Flecken im Bereich des Kirchenschiffs nicht etwa abgestellte Autos waren (wie wir zunächst befürchtet hatten) und auch keine Bienenstöcke, sondern blumengeschmückte Gräber – ein Beweis dafür, daß das alte Heiligtum von Goldswil doch nicht ganz der Vergessenheit anheimgefallen ist.

*Sursee, Zellmoos (LU)*

Si, s'informant de la voie à suivre pour se rendre au plus ancien site d'église de la région, le visiteur de Sursee a le malheur de prononcer le mot *Zell* (cellule, sanctuaire), il court un double risque! Ou bien il sera dirigé sur la Zell-Kappeli, aux profils vaguement romans mais qui date de 1602, ou bien il se retrouvera au sommet de la colline de Mariazell devant une église de pèlerinage baroque. Or le sanctuaire qu'il cherche est en réalité dissimulé dans l'ancien marais de Zellmoos, au bord même du lac de Sempach. Arasée il y a neuf siècles déjà, cette église-ci, on le comprend, a cessé depuis un certain temps de passionner les habitants du lieu!
Mais les ruines de Zellmoos dépassent la catégorie de la simple curiosité vieillotte. Erigée au $X^e$ siècle, semble-t-il, comme première paroissiale de la région, l'église fut presque aussitôt sacrifiée aux eaux envahissantes du lac. Ses fondations resteront englouties et oubliées jusqu'au jour où une baisse des eaux – en 1806 – les restituera à la terre ferme. On s'étonne encore aujourd'hui de l'étirement du plan du vaisseau principal, près de quatre fois plus long que large.
Depuis les dernières fouilles, en 1941, les hautes herbes ont repris possession du site, qui présente de ce fait un plus grand intérêt lorsqu'il est pris, comme c'est le cas ici, sous une perspective plongeante à basse altitude.

*Sursee, Zellmoos (LU)*

Wenn der Besucher von Sursee sich nach dem Weg zur ältesten Kirchenstätte der Gegend erkundigt und dabei bloß den Namen *Zell* angibt, so setzt er sich damit einer doppelten Gefahr aus: entweder wird man ihn nach der Kirche Zell-Kappeli weisen, die zwar Spuren des romanischen Stils zeigt, aber aus dem Jahre 1602 stammt, oder zum Hügel von Mariazell, wo sich eine Wallfahrtskirche aus der Barockzeit befindet. Das Gotteshaus aber, um das es ihm geht, liegt in Wirklichkeit im Zellmoos, einem einstigen Sumpf direkt am Ufer des Sempachersees, verborgen. Diese bereits vor neun Jahrhunderten verlassene Kirche hat verständlicherweise längst schon aufgehört, die Menschen zu beschäftigen.
Die Ruinen von Zellmoos sind jedoch mehr als eine bloße altertümliche Kuriosität. Im 10. Jahrhundert wahrscheinlich als erste Pfarrkirche der Gegend erbaut, war das Gotteshaus bereits nach kurzer Zeit den steigenden Fluten des Sees preisgegeben. Seine Überreste blieben versunken und vergessen, bis 1806 das Absinken des Seespiegels sie wieder auftauchen ließ. Noch heute erstaunt uns der Grundriß des Hauptschiffes – es war fast viermal so lang wie breit.
Seit den letzten Ausgrabungsarbeiten im Jahre 1941 hat hohes Gras und Unkraut die Stätte überwuchert. Die Wirkung ist daher größer, wenn sie wie hier aus geringer Höhe in der Vertikalen aufgenommen wird.

## *Saint-Jean de Genève*

Abandonnées depuis quatre siècles et demi, enfouies et oubliées – le site était ignoré des spécialistes – les pierres du prieuré de Saint-Jean ont brusquement réapparu, un jour de 1967, au cours de travaux de terrassement pour une nouvelle route.
Luttant de vitesse avec les entreprises du génie civil, les archéologues entreprirent alors une campagne de fouilles qui devait donner des résultats d'une ampleur inespérée. Il s'agissait d'une restitution quasiment intégrale des fondations des deux sanctuaires qui s'étaient succédé sur ces lieux, le plus ancien d'époque préromane, le plus récent vraisemblablement du tournant du XII$^{e}$ siècle – la haute époque romane par excellence. Lorsque l'on considère que, jusqu'alors, nos connaissances du Saint-Jean de l'époque se limitaient à une simple mention textuelle de 1104, on peut saisir la véritable portée de cette campagne de fouilles pour notre appréciation de l'architecture et de la vie religieuse du haut moyen âge en pays romand.
Voici donc la vue à vol d'oiseau (il s'agissait bien d'une grue!) des fouilles de Saint-Jean en cours de dégagement, photo prise par l'archéologue responsable du chantier, M. Charles Bonnet. L'appareil, braqué verticalement, a enregistré sur un plan unique et jusque dans le détail tout ce qui se présentait à l'objectif: un enchevêtrement de murs, de bases de colonnes et de sépultures d'époques et de styles divers. Cette image est un document d'autant plus précieux que les lieux, depuis lors, ont été réaménagés.

## *Saint-Jean, Genf*

Vor viereinhalb Jahrhunderten verlassen, dann versunken und vergessen (selbst der Standort war den Spezialisten nicht bekannt), kamen die Gemäuer der alten Priorei Saint-Jean in Genf eines schönen Tages im Jahre 1967 bei Straßenbauarbeiten wieder zum Vorschein. In einem Zeitrennen mit dem Straßenbauamt führten die Archäologen hierauf Ausgrabungen durch, die unerwartet reiche Funde ergaben: Fast die gesamten Grundmauern der beiden Gotteshäuser, die hier nacheinander errichtet worden waren, wurden freigelegt. Das ältere stammt aus präromanischer Zeit, das jüngere wahrscheinlich aus dem ausgehenden 12. Jahrhundert, das heißt aus der Blütezeit der Romanik. Erst wenn wir bedenken, daß sich unser Wissen über das Saint-Jean jener Zeit bis dahin auf eine einfache urkundliche Erwähnung aus dem Jahre 1104 beschränkte, läßt sich ermessen, welche Bedeutung diesen Funden für die Kenntnis der Architektur und des religiösen Lebens in der Romandie des Hochmittelalters zukommt.
Die Aufnahme (diesmal aus der Schau eines anderen «Vogels», nämlich eines Krans!) stammt von dem Archäologen Charles Bonnet, der diese Arbeiten leitete, und zeigt die Stätte während der Ausgrabungsarbeiten. Der vertikal ausgerichtete Photoapparat nahm in einer einzigen Ebene und bis in die Einzelheiten alles auf, was sich dem Objektiv darbot: ein wirres Durcheinander von Mauern, Säulenbasen und Grabstätten verschiedener Epochen und Stilrichtungen. Das Bild ist ein wertvolles Dokument, und es ist um so wertvoller, als die hier gezeigten Stätten inzwischen wieder zugedeckt wurden.

*Saxon (VS)*

La vieille place forte de Saxon, qui domine de sa double silhouette la localité actuelle et la grande route où défilent les hordes motorisées, mérite bien d'être vue de plus près. Juchée sur une butte inclinée, espèce de tumulus géant entouré de vergers, elle offre l'étonnante confrontation d'une chapelle romane et d'un donjon savoyard. Mais l'amateur de ruines du haut moyen âge cherchera en vain les traces de la petite bourgade – du «plain-château» plus précisément – réservée aux intimes du châtelain et entourée aussi de remparts que décrit un texte de 1285.
Nous n'ignorions donc pas les lacunes et les incertitudes de l'histoire de Vieux-Saxon lorsque nous avons entrepris le survol qui a révélé cette image, véritable clé de la compréhension du site. Grâce à des conditions météorologiques très particulières (au printemps, après la chute d'une mince couche de neige que le soleil commençait à grignoter), la photo a restitué les contours arrondis du terrain, le périmètre de la bourgade disparue, le relief qui a enfanté successivement le sanctuaire et le château fort.
Vieux-Saxon fut incendié et abandonné en faveur de la localité actuelle avant la fin du moyen âge, mais la chapelle Saint-Maurice, longtemps en ruines, a pu renaître de ses cendres. Solidement campée au premier plan, elle affirme encore la ténacité de la foi de ses origines millénaires.

*Saxon (VS)*

Der Burghügel von Saxon über der Rhonetalstraße mit ihren dahinflitzenden motorisierten Kolonnen ist einer gründlichen Betrachtung wert. Auf dieser von Obstgärten umgebenen Anhöhe finden wir ein seltenes Nebeneinander von romanischer Kapelle und Savoyer Burg, deren Bergfried wie ein Wahrzeichen zum Himmel ragt. Doch der Liebhaber hochmittelalterlicher Ruinen würde hier vergeblich nach den Spuren der befestigten Siedlung oder, genauer gesagt, der «Vorburg» suchen, die der Gefolgschaft der Burgherren vorbehalten war und von der eine Urkunde aus dem Jahre 1285 berichtet.
Als wir zum Überflug von Alt-Saxon starteten, waren wir uns der Lücken und Unklarheiten in dessen Geschichte durchaus bewußt. Um so größer war unsere Freude beim Anblick dieses Bildes, das uns den Schlüssel zum Verständnis der Stätte liefert! Dank ganz besonderer Wetterverhältnisse (es war ein sonniger Frühlingstag, und es hatte vorher leicht geschneit) enthüllen sich hier die abgerundeten Umrisse des Platzes, die Konturen der verschwundenen Siedlung und das Relief des Geländes, das nacheinander Gotteshaus und Burg hervorgebracht hat.
Im Spätmittelalter wurde Alt-Saxon zugunsten der heutigen Ortschaft verlassen und in Brand gesteckt. Doch die Kapelle Saint-Maurice, die lange Zeit in Trümmern lag, ist heute wiedererstanden. Kraftvoll in den Vordergrund gepflanzt, bezeugt sie die Zähigkeit des Glaubens, dem sie ihren Ursprung verdankt.

# Le château
# Das Schloß

*Vue de Tourbillon, tirée de Sébastien Münster,* ▶
Cosmographie universelle, *1575.*
*Bibliothèque publique et universitaire, Genève.*

*Tourbillon, Stich von Sebastian Münster,*
Cosmographie universelle, *1575.*
*Bibliothèque publique et universitaire, Genf.*

A
E
M
I
P
H
L

# Berceaux de la chevalerie

Il n'est que trop facile, aujourd'hui, de qualifier le château fort de monument d'inertie, de pesant monolithe dénué de toute autre aptitude que celle de subsister. Un regard plus pénétrant révèle tout le contraire. Si un grand nombre de ces châteaux sont parvenus jusqu'à nous, c'est qu'ils avaient fait preuve, tout au long du moyen âge, d'une capacité d'adaptation, qualité propre à l'organisme vivant. Cette notion évolutive de l'architecture féodale n'a rien d'étonnant, d'ailleurs, lorsqu'on pense à l'instabilité même de l'époque. Alors que l'église ne se perfectionne qu'en période de paix, le château fort a toujours pris de l'avance pendant les périodes de troubles et de guerre.

L'un des moments les plus significatifs pour le castellologue suisse est certainement celui qui vit s'élever, sur les décombres laissés par les invasions hongroises et sarrasines du X^e siècle, le premier château fort en pierre de la nouvelle féodalité.

Placée dans le contexte des événements, la société féodale qui supplanta les vieilles hiérarchies étatiques carolingiennes nous apparaît comme une solution de rechange d'une efficacité étonnante, la seule viable en somme pour une époque où l'on n'accordait plus son respect qu'au pouvoir local. Le seigneur féodal, véritable souverain sur son domaine, répondait au besoin de sécurité partagé alors par toutes les couches de la population. Trois bons siècles avant de s'insurger contre les abus de la féodalité – au Grütli en 1291 – les paysans du territoire suisse actuel durent même ressentir un soulagement lors de l'installation, à proximité de leurs villages, de ces grands inconnus dotés de terres, de «droits» et, surtout, d'armes. A ces inconnus-là, mieux placés qu'eux-mêmes pour assurer la défense de la communauté entière, on ne posait pas encore de questions...

D'où venaient-ils, en réalité, ces seigneurs aux noms encore obscurs: les «von Habichtsburg» (Habsbourg), les Toggenbourg, les Sax et les Grandson? Quelles circonstances ont présidé à leur implantation en terre helvétique? A la suite de quelles faveurs, de quelles prouesses enfin, ont-ils pris de l'ascendant sur leurs voisins pourtant non moins favorisés à l'origine? De bonnes ques-

# Stammsitze alter Geschlechter

Es ist heute üblich, die mittelalterliche Burg als Monument des Stillstands, als schwerfälligen Monolith ohne irgendeine Möglichkeit zur Anpassung zu qualifizieren. Ein genauerer Blick zeigt uns das Gegenteil. Wenn eine große Anzahl dieser Bauwerke erhalten geblieben sind, so gerade deshalb, weil sie das ganze Mittelalter hindurch eine große Anpassungsfähigkeit bewiesen haben, wie sie jedem lebenden Organismus eigen ist. Der evolutive Charakter der mittelalterlichen Architektur kann kaum überraschen, wenn man bedenkt, wie unruhig die damalige Zeit war. Während sich die Kirche nur in Friedenszeiten entwickelte, erfolgte der Ausbau der Burg stets in Zeiten der Unruhe und des Krieges...

Eine der bedeutsamsten Epochen für den Burgspezialisten ist zweifellos jene, in der die neuen Feudalherren auf den Trümmern der ungarischen und sarazenischen Invasionen des 10. Jahrhunderts die ersten Burgen aus Stein errichteten.

Im Rückblick auf die damaligen Ereignisse erscheint das Feudalsystem, das die alte Ständeordnung des karolingischen Reiches ersetzte, als erstaunlich wirksame Lösung, als die einzig mögliche gewissermaßen in einer Zeit, wo nur noch die lokale Gewalt anerkannt wurde. Der Burgherr, der wie ein Souverän über das in Lehen empfangene Gebiet herrschte, wurde dem Sicherheitsbedürfnis gerecht, das damals bei allen Bevölkerungsschichten bestand. Gut drei Jahrhunderte vor ihrer Auflehnung gegen die Auswüchse des Feudalismus auf dem Rütli im Jahre 1291 mußten sich die Bauern auf dem Gebiet der heutigen Schweiz geradezu erleichtert fühlen, als sich in der Nähe ihrer Dörfer neue Herren niederließen, die Grund und Boden besaßen und über Sonderrechte, vor allem aber über Waffen verfügten. Diesen mächtigen Unbekannten, die besser imstande waren, die Verteidigung der Gemeinschaft zu gewährleisten, stellte man damals noch keine Fragen...

Woher kamen sie in Wirklichkeit, jene Träger noch ruhmloser Namen wie von Habichtsburg (Habsburg), Toggenburg, Sax oder Grandson? Welche Umstände hatten zu ihrer Ansiedlung auf helvetischem Boden geführt? Auf Grund welcher Glücksfälle oder Heldentaten gelang

tions, mais des questions qui restent trop souvent, hélas, sans réponse! A ses débuts, la féodalité se méfiait du genre de documents qui font le bonheur de nos archivistes et de nos historiens. Toute la structure de la société féodale primitive – et c'est l'un de ses plus étonnants mérites – reposait sur la simple parole donnée.
Conservé, altéré ou tombé en ruines, le château fort demeure aujourd'hui, à défaut de textes, le seul témoin de cette société pendant son élaboration aux IX$^{e}$-XII$^{e}$ siècles. Ce sont les fouilles qui restituent les chaînons disparus du premier âge féodal. Des fouilles qui confirment souvent le prestige attaché à un site établi – un berceau de dynastie par exemple – que l'on n'abandonnait pas facilement, même après son investissement momentané. Aussi un grand nombre de ces places ont-elles été successivement reconstruites, dotées chaque fois des derniers perfectionnements défensifs: améliorations apportées à l'image de marque que les féodaux, grands individualistes, entretenaient d'eux-mêmes.
Avec le XIII$^{e}$ siècle, la chevalerie acquiert ses titres de noblesse en ce pays. C'est à travers le type évolué du château fort implanté en terre romande par la maison de Savoie que l'on peut mesurer toute l'importance de cette institution. Auparavant, le massif donjon quadrangulaire avait répondu à la fois aux impératifs défensifs et aux exigences – encore minimes – d'habitabilité. Désormais, il s'éclipse. Dans le château savoyard, il est intégré, camouflé dirait-on, dans l'ensemble des quatre tours d'angle. Au XIV$^{e}$ siècle, il disparaîtra parfois, supplanté par une vaste tour d'habitation aménagée en vue du confort de son propriétaire. Le prestigieux château de Vufflens (p. 99), du type italien du bas moyen âge, ne trompe personne à cet égard: mâchicoulis et tourelles d'angle ne constituent plus qu'un fastueux décor pour la vie courtoise.
Qui parle de la courtoisie parle – évidemment – de la cour. Ce monde intérieur, l'âme même du château du bas moyen âge, se développe donc derrière les façades et à l'abri des défenses. L'extraordinaire beauté du château savoyard – quadrilatère défensif enfermant une cour d'honneur – provient, en somme, du parfait équilibre entre ces deux mondes de la vie féodale, l'intérieur et l'extérieur. Et c'est encore l'un des mérites du survol aérien que de nous rendre sensibles aux deux à la fois, par la même image!

es ihnen schließlich, über ihre doch anfänglich nicht minder begünstigten Nachbarn die Oberhand zu gewinnen? Interessante Fragen, die aber leider nur allzuoft unbeantwortet bleiben, denn in ihren Anfängen hegte die Feudalherrschaft ein tiefes Mißtrauen gegen jene Art von Urkunden, die das Glück unserer Archivare und Historiker ausmachen. Das ganze Gefüge des frühen Lehnswesens – und dies ist einer seiner überraschendsten Züge – fußte auf dem bloßen Ehrenwort.
Mangels schriftlicher Quellen bleibt die Burg – ob in ihrer ursprünglichen Form erhalten, umgebaut oder als Ruine – das einzige Zeugnis jener im Aufbau begriffenen Gesellschaft aus der Zeit zwischen dem 9. und dem 12. Jahrhundert. An die fehlenden Glieder dieser Entwicklung kommen wir in vielen Fällen durch Ausgrabungen heran. Die Archäologie zeigt, daß das Prestige einer Stätte – zum Beispiel als Stammsitz eines mächtigen Geschlechts – oft den Ausschlag für deren Erhaltung gab, weil die Besitzer selbst nach Zerstörungen den Platz nicht aufgeben mochten. So wurden zahlreiche Burgen wiederholt neu aufgebaut und dabei jeweils mit den jüngsten Errungenschaften der Befestigungstechnik ausgerüstet, nicht nur aus Gründen der Zweckmäßigkeit, sondern auch um das Ansehen der Burgherren zu erhöhen, die als ausgesprochene Individualisten großen Wert auf ihr «Image» legten.
Im 13. Jahrhundert entstand auf den Grundlagen der Gefolgschaft und des Lehnswesens der Ritterstand, der fortan den Kern des niederen Adels bildete. Die Bedeutung dieser Entwicklung kommt besonders gut in dem neuen Burgentyp zum Ausdruck, der vom Geschlecht der Savoyer in der Westschweiz eingeführt wurde. Hatte bisher der massive viereckige Bergfried, der zugleich Verteidigungszwecken diente und die – noch minimalen – Wohnansprüche erfüllte, den Hauptkörper der Burg gebildet, so rückte er nun in den Hintergrund. In der neuen Anlage steht er gewissermaßen gleichberechtigt inmitten der vier Ecktürme. Im 14. Jahrhundert verschwindet er zuweilen ganz, um einem großen Wohnturm Platz zu machen, der den Komfort für die Besitzer erhöhte. Aus dem Wehrbau wird ein Wohnsitz – die Burg wird zum Schloß. Das berühmte Schloß von Vufflens (S. 99), im späten Mittelalter in italienischem Stil erbaut, vermag in dieser Hinsicht niemanden zu täuschen: seine Pecherker und Ecktürme sind nur noch prunkvolles Dekor höfischen Lebens.
Dieses Leben spielte sich, wie das Wort andeutet, auf dem Hof ab, der im Spätmittelalter zur eigentlichen Seele des Schlosses wurde. Die außerordentliche Schönheit des Savoyer Schlosses mit seinem von Mauern und Türmen eingefaßten Hof beruht letztlich auf dem harmonischen Zusammenspiel von Innen und Außen, von Hof und Wehranlagen, die die beiden Sphären ritterlichen Lebens verkörpern. Dem Flugbild gebührt das Verdienst, uns beide zugleich vor Augen zu führen.

*Lenzbourg (AG)*

A deux reprises déjà nous avons rencontré les aïeux des comtes de Lenzbourg, par le biais de leurs fondations religieuses: la collégiale de Beromünster (p. 36) et la vieille paroissiale sur le Staufberg (p. 65). Cette vue du château dynastique de Lenzbourg met l'accent sur la force et la fermeté d'une famille dont l'ascension vertigineuse au XIIe siècle a été liée à celle des empereurs Hohenstaufen. A la mort du dernier comte, Ulrich IV, en 1173, c'est Frédéric Barberousse lui-même qui reçut l'héritage des terres lenzbourgeoises d'Argovie et de l'actuelle Suisse centrale. Cette extinction prématurée de la lignée eut ceci au moins de positif: elle a évité aux Lenzbourg le destin réservé à leurs successeurs, les Habsbourg, qui essuyèrent plus d'un siècle de revers dans leurs affrontements sanglants avec les Confédérés! Le berceau des Lenzbourg, comme celui des Habsbourg, bascula enfin dans le camp des Suisses en 1415, date de la conquête de l'Argovie.

C'est le site autant que l'architecture qui place ce château parmi les œuvres les plus remarquables de la Suisse féodale. Les graveurs de vues topographiques, comme Merian, ont toujours mis en évidence l'étonnante assise géologique de Lenzbourg: un plateau en molasse émergeant au sommet d'une éminence conique. Nous avons essayé de faire de même, grâce à un jeu d'ombres et de couleurs de fin d'automne.

*Lenzburg (AG)*

Zweimal schon sind wir den Grafen von Lenzburg begegnet, nämlich in Beromünster (S. 36) und auf dem Staufberg (S. 65), wo ihre Vorfahren eine Stiftskirche beziehungsweise eine Pfarrkirche gründeten. Hier nun sehen wir ihren Stammsitz, die Lenzburg, Sinnbild der Macht und des Ruhms dieser Dynastie, deren kometenhafter Aufstieg im 12. Jahrhundert eng mit jenem der Hohenstaufenkaiser verbunden war. Friedrich Barbarossa selbst erhielt die lenzburgischen Ländereien im Aargau und in der heutigen Zentralschweiz zum Erbe, als das Geschlecht im Jahre 1173 mit dem Tod des letzten Grafen, Ulrichs IV., erlosch. Dieser frühzeitige Untergang bewahrte die Lenzburger zumindest vor dem Schicksal, das ihren Nachfolgern, den Habsburgern, beschieden war: in blutigen, mehr als ein Jahrhundet währenden Auseinandersetzungen mit den Eidgenossen Niederlage um Niederlage einzustecken. Die Stammburg der Lenzburger kam schließlich im Jahre 1415, wie jene der Habsburger und wie der Aargau selbst, an Bern.

Nicht nur die Architektur, auch die Stätte selbst reihen diesen Herrensitz unter die bemerkenswertesten Schöpfungen der mittelalterlichen Schweiz. Die alten Kupferstecher wie Merian hoben in ihren perspektivischen Ansichten von jeher den außergewöhnlichen geologischen Unterbau der Lenzburg hervor: ein Molasseplateau auf einer kegelförmigen Anhöhe. Wir versuchten es ihnen gleichzutun, indem wir uns das Schatten- und Farbenspiel eines spätherbstlichen Nachmittags zunutze machten.

*Vaduz (FL)*

Le prestigieux château de Vaduz n'a pas toujours été la résidence des princes de Liechtenstein, loin de là. Toute une succession de dynastes occupèrent la place, depuis le haut moyen âge jusqu'au siècle dernier, et ce n'est qu'en 1905 que Jean II de Liechtenstein entreprit les grandes réfections nécessaires à l'installation d'une cour princière.
On ignore le nom du bâtisseur du château primitif, mais son œuvre est parfaitement reconnaissable: le massif donjon quadrangulaire qui domine la place aurait servi d'habitation et de défense au XII^e siècle déjà. Un texte de cette époque cite le nom du lieu, Vaduz, dérivé peut-être d'un *aquae ductus* au lointain souvenir romain. Une seigneurie de Vaduz apparaît en 1342, taillée de toutes pièces dans les terres des Werdenberg-Sargans, maîtres de cette portion de la vallée du Rhin. C'est au cours des derniers siècles du moyen âge que le berceau de la dynastie de Vaduz prit la forme et l'étendue que nous avons sous les yeux.
Une dernière modification – et elle est de taille – mérite d'être signalée. Aussi puissamment qu'il ait été retranché entre son donjon et le rebord de la falaise, le château de Vaduz se révéla vulnérable aux nouvelles armes à feu utilisées par les Confédérés lorsqu'ils investirent la place en 1499. Afin de renforcer le flanc le plus exposé, deux massifs bastions ronds vinrent épauler la tour forte romane, preuve s'il en fallait qu'au XVI^e siècle on savait s'adapter aux progrès... de la poliorcétique – technique du siège de places plus tout à fait inexpugnables.

*Vaduz (FL)*

Das berühmte Schloß von Vaduz ist nicht immer Residenz der Fürsten von Liechtenstein gewesen. Seine Geschichte reicht viel weiter zurück. Vom Hochmittelalter bis ins letzte Jahrhundert diente es einer ganzen Reihe von Adelsherren als Sitz, und erst 1905 unternahm Johann II. von Liechtenstein die umfassenden Restaurationsarbeiten, die für einen Fürstenhof des 20. Jahrhunderts notwendig waren.
Der Name des Gründers der ursprünglichen Burg ist unbekannt, doch läßt sich sein Werk auch heute noch klar von den später angefügten Teilen unterscheiden. Es ist der massive, viereckige Bergfried, der die ganze Anlage dominiert und der bereits im 12. Jahrhundert als Wehr- und Wohnturm gedient haben soll. Ein Text jener Zeit erwähnt den Namen der Stätte, Vaduz, der sich möglicherweise vom *aquae ductus* einer fernen römischen Vergangenheit ableitet. 1342 ist eine Herrschaft Vaduz belegt, die sich ihr ganzes Gebiet aus dem Besitz der damals über diesen Teil des Rheintals regierenden Herren von Werdenberg-Sargans herausschnitt. Im Laufe der letzten Jahrhunderte des Mittelalters nahm die Stammburg der Herren von Vaduz dann die Form und die Ausmaße an, die wir hier vor Augen haben.
Trotz ihrer vorzüglich geschützten Lage hoch über dem Talboden erwies sich die Burg als sehr verletzbar durch die neuen Feuerwaffen, wie sie von den Eidgenossen bei der Belagerung des Platzes im Jahre 1499 eingesetzt wurden. Zur Verstärkung der am meisten exponierten Flanke wurden dem romanischen Wehrturm daher zwei mächtige runde Bastionen angefügt, was beweist, daß man sich im 16. Jahrhundert dem Fortschritt der Belagerungstechnik wohl anzupassen wußte.

*Aigle (VD)*

Castellologues et amateurs de grands crus se plaisent à reconnaître en ce coin du Chablais l'un des hauts lieux de la Romandie. Les vues classiques d'Aigle représentent le château sis entre les vignes au premier plan et les Alpes en toile de fond. La vue plongeante adoptée ici a effacé les Alpes; ce qui reste, c'est un paysage cubiste formé d'éléments d'habitation et de défense présentés en plan et en élévation, le tout imbriqué dans un étonnant réseau de sustentation: le vignoble.
La seigneurie d'Aigle fut l'une des premières acquisitions de la maison de Savoie en territoire romand: une cession d'empire datée de 1076 l'atteste. Exactement quatre siècles plus tard, une alliance malencontreuse contractée par ses propriétaires avec Charles le Téméraire attirera la destruction de la place par les Gruériens, alliés des Bernois. Le massif donjon roman semble avoir le mieux résisté à cette attaque, raison sans doute de son utilisation ultérieure comme prison. Tout le reste du dispositif – quadrilatère irrégulier cantonné de tourelles enfermant un corps de logis coiffé de pignons à redents – a été reconstruit à l'époque bernoise. La commune, propriétaire actuel du château, y a tout récemment installé deux collections qui se complètent d'une manière inattendue: un musée du sel et un musée du vin!

*Aigle (VD)*

Burgspezialisten und Weinkenner sind sich darin einig, daß dieser Teil des Chablais zu den interessantesten Orten der Romandie gehört. Die klassischen Ansichten von Aigle pflegen das Schloß zwischen den Weinbergen als Vordergrund und den Alpen als Hintergrund zu zeigen. Unsere Aufnahme aus der Senkrechten jedoch verbannt die Alpen aus dem Bild. Was bleibt, ist ein kubistisches Gebilde aus Wohnbauten und Verteidigungsanlagen inmitten des eigenartigen Gewebes der Rebstöcke.
Die Herrschaft Aigle war eine der ersten Erwerbungen der Savoyer auf dem Gebiet der heutigen Westschweiz, wie die Schenkungsurkunde Kaiser Heinrichs IV. aus dem Jahre 1076 bezeugt. Genau vier Jahrhunderte später jedoch sollte ein unglückliches Bündnis zwischen den Herren von Aigle und Karl dem Kühnen zur Zerstörung des Platzes durch die Greyerzer, Verbündete der Berner, führen. Der romanische Bergfried scheint dem damaligen Ansturm am besten widerstanden zu haben, woraus sich zweifellos seine spätere Verwendung als Gefängnis erklärt. Der Rest der Anlage – im Grundriß ein Trapez – mit ihren Ecktürmen und dem von gezahnten Giebeln gekrönten Palas stammt aus der Zeit des Wiederaufbaus durch die Berner. Die Gemeinde Aigle, der das Schloß heute gehört, hat dort unlängst zwei Sammlungen untergebracht, die einander auf eine etwas seltsame Weise ergänzen: ein Salzmuseum und ein Weinmuseum!

*Champvent (VD)*

Ce blanc quadrilatère flanqué de tours rondes et perché sur le rebord d'un plateau boisé est sans conteste la plus belle création féodale de type savoyard encore conservée en ce pays. Mais, en édifiant ce château, on ne peut pas dire que le sire Henri de Champvent, membre de la vieille lignée des Grandson, ait fait preuve d'originalité. Deux ans auparavant, en 1260, le comte Pierre II de Savoie avait introduit ce nouveau style d'architecture à Yverdon (p. 46), à quelques kilomètres de Champvent dans la plaine de la Thielle. Henri reproduisit tout simplement le prototype en le transplantant sur les hauteurs de son propre domaine.

Et pourtant, de cette manière assez peu orthodoxe pour l'époque, les sires de Grandson-Champvent se montrèrent bien inspirés: ils prenaient une ultime revanche sur leur redoutables concurrents, les comtes de Savoie, nouveaux détenteurs des voies conduisant aux cols du Jura, revanche que l'histoire a confirmée en accordant une grâce exceptionnelle à Champvent, alors que tous les «carrés savoyards» de la plaine, à commencer par Yverdon, ont subi d'irréparables altérations.

*Champvent (VD)*

Dieser stolze weiße Bau mit seinen Rundtürmen am Rande einer bewaldeten Terrasse ist unbestreitbar die schönste Schöpfung savoyischer Burgarchitektur, die sich in der Westschweiz erhalten hat. Allerdings kann niemand behaupten, sein Gründer, der der alten Linie der Grandson angehörende Henri de Champvent, habe dabei besonders viel Originalität bewiesen, denn 1260, das heißt zwei Jahre vor der Errichtung von Champvent, hatte Graf Peter II. von Savoyen nur wenige Kilometer von hier entfernt, in Yverdon am oberen Ende des Neuenburgersees (S. 46), eine Anlage im gleichen Stil erbaut. Champvent entstand nach diesem Vorbild und kann somit als Kopie bezeichnet werden.

Diesem für die damalige Zeit recht unorthodoxen Vorgehen dürfte jedoch ein triftiges Motiv zugrunde gelegen haben, der Wunsch der Herren von Grandson-Champvent nämlich, sich an ihren mächtigen Rivalen, den Grafen von Savoyen, die eben die Kontrolle über die Zugangsstraßen zu den Jurapässen übernommen hatten, zu rächen. In diesem Bestreben sollte ihnen später die Geschichte selbst zu Hilfe kommen, indem sie Champvent die Stürme der Zeit überstehen ließ, während alle anderen «Savoyer Vierecke» der Ebene, jenes von Yverdon inbegriffen, nicht wiedergutzumachende Schäden erlitten.

*Saint-André de Cham (ZG)*

Les vues aériennes de châteaux dégagent souvent, au niveau des plans, une surprenante recherche de formes géométriques que l'on ne soupçonne absolument pas du sol. Le promontoire et l'enceinte de La Tour-de-Peilz (p. 105) dessinent un triangle; au château d'Aigle (p. 95), c'est le trapèze qui prédomine. Le château Saint-André, lui, évoque un polygone régulier proche d'un cercle, plan que l'on rencontre davantage dans les pays plats du nord-ouest de l'Europe qu'en territoire suisse.

Bien qu'il soit difficile de le prouver de façon tangible sur le terrain, on est tenté de retrouver dans la disposition de Saint-André le reflet de l'époque lointaine où la place n'était encore qu'un simple refuge entouré de remparts de terre épousant les contours de la colline. Un refuge carolingien, plus exactement, qui engendra au VIII^e^ siècle déjà l'un des plus anciens sanctuaires de citadelle de la Suisse centrale. C'est cette église Saint-André – ancêtre de la chapelle gothique dont on voit le clocher au toit en bâtière derrière la tour, au centre de notre image – qui a conféré son nom au château, érigé au XIII^e^ siècle par un vassal des Habsbourg.

Les remparts de terre ont depuis longtemps disparu, l'enceinte médiévale en pierre aussi. Mais les jardiniers de la «Cour de Saint-André» ont visiblement réussi, à leur manière, à en conserver le souvenir.

*St. Andreas, Cham (ZG)*

Die Luftansichten mittelalterlicher Burgen enthüllen uns oft einen betont geometrischen Grundriß, wie man ihn vom Boden aus gar nicht vermuten würde. Der natürliche Unterbau und die Stadtmauer von La Tour-de-Peilz (S. 105) bilden ein Dreieck, die Burganlage von Aigle (S. 95) präsentiert sich als Trapez. Die Burg St. Andreas in Cham ihrerseits zeigt ein regelmäßiges Vieleck, das sich einem Kreis annähert. Grundrisse dieser Art findet man sonst eher in den nordwesteuropäischen Ebenen als in der Schweiz.

Obwohl es am Boden keinen greifbaren Beweis dafür gibt, ist man versucht, in dieser ungewöhnlichen Anordnung das Überbleibsel einer fernen Zeit zu sehen, als die Stätte noch ein einfacher Zufluchtsort war, umgeben von Erdwällen am Rande der Anhöhe. Aus diesem Refugium der karolingischen Epoche entstand bereits im 8. Jahrhundert eine der frühesten Kirchenburgen der Zentralschweiz. Die dem Apostel Andreas geweihte Stätte – Vorläufer der gotischen Kapelle, deren Turm mit Satteldach in der Mitte des Bildes zu erkennen ist – gab ihren Namen später der Burg, die im 13. Jahrhundert von einem habsburgischen Vasallen hier errichtet wurde.

Der Erdwall aus frühester Zeit ist zwar längst zerfallen, ebenso die mittelalterliche Ringmauer aus Stein, doch die Gärtner von St. Andreas haben sich offenkundig mit Erfolg bemüht, die Erinnerung daran auf ihre Weise wachzuhalten.

*Blonay (VD)*

Blonay est le château patrimonial d'une dynastie qui l'habitait voici huit siècles déjà, et qui l'habite aujourd'hui encore. Cette continuité représente un fait unique dans les annales de la féodalité en territoire suisse. Ce n'est pas un hasard, d'ailleurs, si nous avons survolé la place en 1975: Guillaume II de Blonay fit construire le donjon en 1175, exactement, à la suite de la mainmise d'un comte de Savoie sur Chillon, jusqu'alors sous la garde des seigneurs de Blonay.
Reposant sur le bord d'une haute terrasse, face au Léman et aux Alpes savoyardes, le château domine les terres de l'ancienne seigneurie, qui descendaient jusqu'au lac. Le site présentait un seul inconvénient: à force d'être agrandi du côté de la pente, le corps de logis s'affaissa et se fissura sur son flanc méridional. Dans le cas des châteaux forts, de telles dégradations sont d'autant plus inquiétantes que la maçonnerie est plus épaisse. C'est la raison pour laquelle Blonay a reçu ces immenses contreforts bâtis dans la pente, curieusement articulés ici par les rayons du soleil couchant. Le donjon de Guillaume II, quant à lui, n'a jamais eu besoin d'étayage: posé à même le roc, il symbolise, par-delà les siècles, l'exceptionnelle destinée de ses propriétaires.

*Blonay (VD)*

Blonay ist der Stammsitz einer Dynastie, die die Anlage vor acht Jahrhunderten erbaute und sie heute noch bewohnt. Diese Kontinuität steht in den Annalen des feudalen Adels auf schweizerischem Gebiet einzig da. Als wir das Schloß 1975 überflogen, war es genau achthundert Jahre her, daß Wilhelm von Blonay 1175, nach der Einnahme der bis dahin den Herren von Blonay unterstehenden Burg Chillon durch einen Grafen von Savoyen, den Bergfried hatte erbauen lassen.
Am Rande einer Terrasse hoch über dem Genfersee und den Savoyer Alpen gelegen, überblickt das Schloß heute noch die Ländereien der ehemaligen Herrschaft, die bis zum See hinabreichten. Als Folge des wiederholten Ausbaus auf der Hangseite sank der Palas ein und spaltete sich auf seiner südlichen Flanke. Bei Burgen sind derartige Schäden um so beunruhigender, je massiver das Mauerwerk ist. Aus diesem Grund erhielt Blonay jene riesigen, in den Hang gebauten Stützmauern, die hier im Licht der untergehenden Sonne so eigenartig hervortreten. Der Bergfried Wilhelms II. aber brauchte nie gestützt zu werden. Direkt auf den Felsen gepflanzt, symbolisiert er über die Jahrhunderte hinweg die ungewöhnliche Standhaftigkeit seiner Besitzer.

## *Vufflens (VD)*

La Suisse féodale n'a connu ni frontières politiques ni limites linguistiques bien rigides. Les visées expansionnistes des dynastes, le jeu des alliances et des héritages surtout brouillaient constamment les cartes. Les pierres de la Tour de Broye à Moudon, par exemple, «parlent» l'allemand: elles portent en effet des marques de tâcherons alémaniques remontant à l'époque de la poussée des Zähringen en direction du Léman. Quant aux pierres de l'éblouissante résidence vaudoise de Vufflens, elles parlent sans aucun doute l'italien!

Henri de Colombier, favori du duc Amédée VIII de Savoie, dont les terres, rappelons-le, comprenaient le Val d'Aoste et le Piémont, fit bâtir cette place forte entre 1395 et 1420. Son envie de faire peau neuve était telle que même le survol méthodique du site ne révèle pas la moindre trace des châteaux antérieurs à cette construction. La perspective aérienne met surtout en valeur l'étonnant brio de la technique, dans les parties hautes notamment.

C'est dans les couronnements portés sur les mâchicoulis ceignant les deux tours – le donjon à gauche, le corps de logis à droite – que l'on retrouve la marque du pays d'origine de Vufflens: le matériau utilisé, la brique, était alors à la mode en Italie. Les créneaux ont été transformés en fenêtres, mais on devine le profil primitif des merlons, en queue d'aronde, signé de la griffe même des Gibelins, partisans de l'empereur dans la Péninsule. Vufflens-le-Château: le souffle de la tramontane en plein Pays de Vaud.

## *Vufflens (VD)*

Die Schweiz des Mittelalters kannte weder stabile politische Grenzen noch besonders feste Sprachgrenzen. Expansionistische Bestrebungen der Feudaldynastien, Bündnispolitik und Erbteilungen bewirkten ständige Veränderungen in der schweizerischen Szenerie. Die Gemäuer des Broye-Turms in Moudon zum Beispiel «reden» deutsch – sie tragen eindeutig den Stempel deutscher Bauhütten aus der Zeit des Vordringens der Zähringer in Richtung Genfersee. Was die Mauern und Türme des eindrucksvollen Herrensitzes von Vufflens im Waadtland angeht, so reden sie unmißverständlich italienisch.

Henri de Colombier, Günstling des Herzogs Amédée VIII. von Savoyen, dessen Herrschaftsgebiet das Aostatal und den Piemont umfaßte, ließ diese Anlage zwischen 1395 und 1420 bauen, an derselben Stelle, wo schon früher eine Burg gestanden hatte. Sein Erneuerungseifer war so groß, daß selbst bei methodischem Absuchen der Stätte aus der Luft von den ursprünglichen Bauten nicht die geringste Spur mehr zu entdecken ist. Unser Flugbild bringt vor allem die beschwingte Eleganz der Hochpartien des Schlosses zur Geltung.

Das Ursprungsland von Vufflens wird besonders in den Aufsätzen der Gußerker erkennbar, die den Bergfried (links) und den Palas (rechts) krönen. Als Material wurde hier Backstein verwendet, der damals in Italien Mode war. Die Schießscharten wurden zu Fenstern umgestaltet, aber die Schwalbenschwanzzinnen tragen deutlich die Handschrift der Ghibellinen, Anhänger des Kaisers auf der Apenninenhalbinsel. In Vufflens-le-Château, im Herzen des Waadtlandes, verspüren wir somit unvermittelt einen Hauch Mittelmeerluft.

*Gruyères (FR)*

L'imagerie populaire a régulièrement prêté aux grands féodaux de jadis les attributs de malandrins endurcis vivant de la spoliation des paysans et des voyageurs. Mais, pour rester équitable, il ne faudrait pas oublier qu'il existait des hommes d'une tout autre trempe. Ainsi les comtes de Gruyère: cela ne fait pas du tout peur aux petits enfants, cela se chante! C'est assez piquant lorsqu'on pense que parmi toutes les péripéties dont est truffée l'histoire de cette célèbre dynastie, seules celles de l'ultime chapitre – les amours des derniers représentants de la lignée, éteinte au XVI$^e$ siècle – ont été retenues comme dignes de transmission.
Le cœur a ses raisons que l'avion, dans son survol, respecte. Voici donc, vu du ciel, le château des comtes en mal d'amour, le château des chevaliers et des ménestrels, dont le souvenir ne s'est nullement éteint. Parnasse helvétique, ce sont les muses qui siègent sur ces hauteurs depuis que la famille Bovy, amie des peintres et des musiciens, a acquis le domaine, au milieu du siècle dernier. Complice d'une si belle tradition, nous avons isolé le château du bourg, qui, allongé sur la crête, achemine aujourd'hui jusqu'à l'entrée monumentale les visiteurs sans nombre de la plus attrayante et de la plus célèbre «cour d'amour» de Suisse.

*Greyerz (FR)*

Der Volksmund pflegt die großen Feudalherren des Mittelalters mit erstaunlicher Konsequenz als hartgesottene Bösewichter und Räuber hinzustellen, die sich auf Kosten der Bauern und Reisenden bereicherten. Doch um der Wahrheit willen sei daran erinnert, daß es unter diesen Herren solche ganz anderer Wesensart gab. Dazu gehörten auch die Grafen von Greyerz. Ihre Abenteuer wurden denn auch nicht Gegenstand von Gruselgeschichten, sondern von – Liebesliedern. Es ist recht eigenartig und bezeichnend, daß von all den Ereignissen in der Geschichte dieses berühmten Geschlechts nur jene des Schlußkapitels – die Liebschaften der letzten Vertreter der im 16. Jahrundert erloschenen Linie – als der Überlieferung würdig befunden wurden.
Hier also, von oben gesehen, die Burg der liebeskranken Grafen, der Ritter und Minnesänger, die in der Erinnerung bis heute weiterleben. Seit die Familie Bovy, Gönnerin vieler Maler und Musiker, die Domäne Mitte des 19. Jahrhunderts erwarb, ist daraus eine Art helvetischer Parnaß geworden, wo nicht länger Eros und Psyche, sondern die Musen regieren. Um den reizvollsten und bekanntesten «Liebeshof» der mittelalterlichen Schweiz besser zur Geltung zu bringen, trennten wir ihn im Bild von dem Städtchen, das sich auf dem Hügelrücken ausdehnt und von wo heute unzählige Besucher durch die Monumentalpforte pilgern.

# Douves, lacs et rivières

Cette vaste forteresse naturelle qu'est la Suisse étend, comme on sait, son glacis défensif entre les cimes des Alpes et le Haut-Rhin. A la diversité du relief et, partant, de l'hydrographie entre ces deux limites correspond la grande variété des rôles joués par l'eau, dès les premiers temps, comme puissant élément de défense.
Rappelons déjà la curieuse situation de ces villages préhistoriques bâtis sur pilotis, protégés par les eaux des lacs et des marais. Plus tard, la topographie des implantations celtiques révélera un souci supplémentaire: les *oppida* (villages retranchés) tiraient encore une protection efficace des cours d'eau sur lesquels elles s'alignaient très souvent; mais ces mêmes cours d'eau devaient être protégés à leur tour en raison des ponts et des gués qui les traversaient. Telle est l'origine de la Genève des Allobroges et de la Bâle des Rauraques par exemple. Telle sera l'origine aussi de ces têtes de ponts romaines qui s'appellent aujourd'hui Soleure (p. 29), Stein-am-Rhein (p. 17), Olten (p. 26) et Zurich!
De toutes les formes de terrain prédisposées à la défense, les seigneurs féodaux semblent avoir affectionné le promontoire tracé par le confluent de deux cours d'eau ou par une boucle de rivière. Pour barrer l'entrée de la place du seul côté exposé à l'attaque, il suffisait alors d'une simple ligne de retranchement transversale, peu coûteuse à construire et dont la défense n'exigeait pas de très gros effectifs.
Un regard jeté sur une carte des sites archéologiques du pays confirmera cette prédilection, spécialement dans des vallées fortement découpées de ravins comme celles de l'Aar, de la Sarine, de la Singine et de la Simme au versant nord des Alpes. On sera frappé en outre par la persistance des fortifications érigées aux mêmes endroits depuis les «châtelards» préhistoriques jusqu'aux dernières implantations féodales de ce type, au XIII^e siècle.
Les châteaux des lacs, comme les bourgs qui très souvent les prolongent, s'étirent dans l'axe de la rive, aux fins évidentes de sécurité. Sur le flanc opposé, côté terre, étaient aménagés des fossés, alimentés dans les meilleurs des cas par les eaux du lac et d'une rivière. La rive nord du Léman s'est prêtée avec beaucoup de bonheur à ce type d'implan-

# Das Wasser im Dienste der Verteidigung

Die Schweiz bildet, wie wir wissen, eine Art natürliche Festung, deren Glacis sich von der Alpenkette bis an den Rhein erstreckt. Der Vielgestalt des Reliefs und füglich der Gewässersysteme zwischen diesen beiden Grenzen entspricht die Vielfalt der Verteidigungsanlagen, die seit frühester Zeit unter Ausnutzung des Wassers errichtet wurden.
Da sind zunächst die prähistorischen Pfahlbaudörfer zu nennen, die unmittelbar in die Seen und Sümpfe gesetzt wurden und dadurch rundum vom Wasser geschützt waren. Die späteren Siedlungen der Kelten weisen ein zusätzliches Verteidigungselement auf. Sehr oft längs eines Wasserlaufes angelegt, boten sie dank ihrer Lage zwar einen wirksamen Schutz, doch mußte auch der Wasserlauf selbst dort, wo Brücken und Furten hinüberführten, geschützt werden. So entstanden zum Beispiel das Genf der Allobrogen und das Basel der Rauraken. So auch sollten später jene römischen Brückenköpfe entstehen, die heute Solothurn (S. 29), Stein am Rhein (S. 17), Olten (S. 26) und Zürich heißen.
Unter allen strategisch günstigen Geländen scheinen die mittelalterlichen Burgherren und Städtebauer der durch den Zusammenfluß zweier Wasserläufe oder eine Flußschleife gebildeten Halbinsel den Vorzug gegeben zu haben. Um das Eindringen eines potentiellen Feindes von der einzigen zugänglichen Seite her zu vereiteln, brauchte dort nur eine querlaufende Verteidigungslinie angelegt zu werden, deren Bau relativ geringe Kosten verursachte und zu deren Verteidigung nur eine kleine Zahl von Kriegern erforderlich war.
Ein Blick auf eine Karte der archäologischen Stätten der Schweiz, vor allem in tief eingeschnittenen Tälern wie jenen der Aare, der Saane, der Sense und der Simme, bestätigt uns, daß es sich tatsächlich so verhielt. Dieselbe Karte zeigt auch, daß an den gleichen Stellen Befestigungen aus den verschiedensten Epochen gefunden wurden, von der Vorzeit bis zum 13. Jahrhundert – eine Permanenz, die Bände spricht.
Die Burgen an den Ufern unserer Seen, ebenso wie die Siedlungen, die sich in vielen Fällen daran anschließen, wurden offenkundig aus Sicherheitsgründen in der Ufer-

tation, comme l'attestent encore Versoix, Rolle (p. 45), Morges, La Tour-de-Peilz (p. 105) et Villeneuve. On remarque dans tous ces exemples des alignements caractéristiques où chaque élément constitutif d'un port de l'époque – château, rade et bourg – était compartimenté par des fossés transversaux, telles des cloisons étanches qui empêchent un bâtiment de guerre de couler si l'une ou l'autre des cales cède à l'attaque ennemie. Douves et fossés ont pratiquement disparu aujourd'hui, victimes de la baisse du niveau des eaux intervenue sur l'ensemble des lacs suisses.

D'autre part, lacs et rivières suisses – actuellement traversés de digues et tronçonnés par des barrages – étaient sillonnés, au moyen âge, par un trafic intense. Au prix de transbordements – à la hauteur des chutes du Rhin entre autres – il était parfaitement possible d'acheminer par voie d'eau une cargaison de Bâle jusqu'à Brienz ou Walenstadt – c'est-à-dire jusqu'aux premiers contreforts des Alpes! Seulement, ce réseau fluvial était à péage, et ceux qui en encaissaient les bénéfices étaient très souvent des féodaux. Inutile d'ajouter que le type du château de rivière se propagea très rapidement avec l'essor de l'économie aux XIIe-XIII[e] siècles, et que les féodaux eux-mêmes mirent tout en œuvre pour encourager ce commerce!

Même dans des régions éloignées des lacs, on trouvait les moyens d'affecter l'eau à la défense. De Bottmingen (p. 108), aux portes de Bâle, jusqu'à Marschlins, non loin de Coire, se dressent encore de splendides exemples de châteaux à douves – la *Wasserburg* du Plateau suisse – alimentés par une source, un marais ou une rivière. Ils étaient bien plus nombreux à l'époque que les quelques châteaux conservant ces défenses ne nous le laissent supposer aujourd'hui. Presque tous les châteaux à vivier qui figurent sur les enluminures et les bois gravés de la fin du moyen âge ont pour le moins perdu leurs douves. Mais on en a retrouvé des traces, parfois jusque dans les Alpes. Les fossés, comblés aujourd'hui, de la ruine de Hasenstein à Zillis, étaient vraisemblablement alimentés par un ruisseau. A près de 1000 m d'altitude, ce site serait le plus élevé du genre connu jusqu'ici dans toute la Suisse.

achse angelegt. Auf der landzugewandten Seite waren sie von Wassergräben umgeben, die im Idealfall vom See und von einem Fluß gespeist wurden. Das Nordufer des Genfersees eignete sich besonders gut für derartige Anlagen, wie uns die Städtchen Versoix, Rolle (S. 45), Morges, La Tour-de-Peilz (S. 105) und Villeneuve heute noch zeigen. An allen diesen Orten bemerken wir charakteristische Anordnungen, die auf einstige Trenngräben zwischen den einzelnen Elementen des Hafenstädtchens – Burg, Reede und Siedlung – hindeuten. Ähnlich wie die Querschotten das Sinken eines Kriegsschiffes verhindern, wenn einer der unteren Räume getroffen wird, boten auch diese Gräben zusätzlichen Schutz. Heute sind sie wegen des sinkenden Wasserspiegels der Schweizer Seen praktisch verschwunden.

Auf den in jüngster Zeit zum Teil durch Dammbauten und Staumauern unschiffbar gewordenen Flüssen und Seen der Schweiz herrschte im Mittelalter ein reger Verkehr. Bei mehrfachem Umschiffen – namentlich am Rheinfall – war es durchaus möglich, eine Ladung auf dem Wasserweg von Basel bis nach Brienz oder Walenstadt, das heißt bis in die Voralpen, zu befördern! Die Benutzung dieser Wasserstraßen war jedoch gebührenpflichtig, und die Einnahmen aus dem Schiffsverkehr flossen sehr oft in die Taschen der Feudalherren. Kein Wunder also, daß sich mit dem wirtschaftlichen Aufschwung im 12. und 13. Jahrhundert die Zahl der Wasserburgen rasch vermehrte und daß die Burgherren selbst alles unternahmen, um den Warenaustausch auf dem Wasserweg zu fördern.

Selbst abseits der Seen fand man Mittel und Wege, um das Wasser für Verteidigungszwecke nutzbar zu machen. Von Bottmingen bei Basel bis Marschlins in der Nähe von Chur finden sich noch heute eindrucksvolle Beispiele jener Wasserburgen, deren Gräben von einer Quelle, einem Sumpf oder einem Fluß gespeist wurden. Die Zahl dieser Burgen war einst viel größer, als die wenigen noch in ihrer ursprünglichen Form erhaltenen Anlagen vermuten lassen. Fast alle Weiherburgen, wie sie uns von den Farbstichen und Holzschnitten des späten Mittelalters so vertraut sind, haben zumindest ihre Gräben verloren. Man hat allerdings Spuren davon wiedergefunden, zuweilen bis in die Alpenregionen hinauf. Die heute zugeschütteten Gräben der Burgruine Hasenstein in Zillis wurden früher wahrscheinlich durch einen Bach unter Wasser gesetzt. In fast tausend Meter Höhe über dem Meeresspiegel wäre dies die höchstgelegene der bisher in der Schweiz bekannten Stätten jener Art.

*Chillon (VD)*

Depuis la construction de l'autoroute du Léman, le plus célèbre château de Suisse offre au visiteur motorisé une vue à vol d'oiseau extrêmement séduisante mais «unilatérale». Pour cette raison notamment nous avons suivi une ligne d'approche à basse altitude, au large de la rive nord du lac.
Les deux faces de Chillon – la terrestre et la lacustre – constituent une merveilleuse illustration de la polarité de la vie féodale. Le château fort, nous l'avons dit, était affecté à la fois à la défense et à l'habitation. Face à la falaise et à la route littorale, autrefois d'une grande importance stratégique et commerciale, Chillon dresse une double enceinte hérissée de trois tours de flanquement semi-circulaires (plus un corps de garde quadrangulaire de la fin du moyen âge), le tout dominé par le massif donjon, élément le plus ancien de l'ensemble. C'est l'image même de la féodalité guerrière retranchée derrière ses défenses. Face au lac, au contraire, que voyons-nous sinon l'alignement des logis seigneuriaux ajourés de grandes baies à meneaux et agrémentés de balcons ensoleillés? Serait-il donc vrai que la féodalité savait aussi vivre?
Saisi par l'aspect extérieur de l'architecture militaire du moyen âge – éléments de dissuasion, d'artifice, de prestige – le visiteur de Chillon oublie souvent d'en apprécier l'aspect intérieur. Nous voulons parler ici des trois cours, que l'on devine seulement dans cette vue aérienne. Leurs noms seuls – cour de garde, cour du châtelain, cour du duc – suffisent à rappeler l'animation propre à une grande résidence princière au sommet de sa gloire.

*Chillon (VD)*

Seit dem Bau der Genfersee-Autobahn bietet diese berühmteste Burg der Schweiz dem motorisierten Besucher einen höchst reizvollen, aber «einseitigen» Anblick aus der Vogelperspektive. Vor allem deshalb wählten wir für unsere Aufnahme einen anderen Blickwinkel, nämlich aus geringer Höhe vom See in der Nähe des Nordufers her.
Die beiden Seiten von Chillon, Landseite und Seeseite, veranschaulichen die Polarität des Burglebens jener Zeit: Auf der dem Felshang und der alten, als strategischer Durchgang und Handelsweg früher außerordentlich wichtigen Uferstraße zugewandten Seite präsentiert Chillon eine doppelte Befestigungsmauer, auf der sich drei halbkreisförmige Türme erheben, sowie einen viereckigen Wachturm aus dem Spätmittelalter. Das Ganze wird vom mächtigen Bergfried überragt, dem ältesten Element der Anlage. Das Bild, das sich uns hier bietet, ist somit jenes des kriegerischen Rittertums, das sich hinter seiner Wehr verschanzt. Auf der dem See zugewandten Seite hingegen zeigt uns Chillon sein friedliches Gesicht: die weiten Öffnungen der herrschaftlichen Wohngemächer mit ihren sonnenbeschienenen Balkons – ein Beweis dafür, daß die Burgherren auch zu leben verstanden.
Vor allem durch den äußeren Aspekt der mittelalterlichen Festungsarchitektur gefesselt, vergißt der Besucher von Chillon zuweilen, dessen innere Gliederung gebührend zu bewundern. Wir meinen hier die drei Höfe, die auf unserer Aufnahme nur andeutungsweise zu erkennen sind. Allein schon ihre Namen – Wachthof, Kastellanshof, Herzogshof – erinnern daran, welch betriebsames Leben einst in den Mauern dieses ruhmreichen Fürstensitzes geherrscht haben muß.

*Morcote (TI)*

Il est des sites féodaux qui parlent avec plus d'éloquence que les monuments qu'ils portent, et Castello Morcote est de leur nombre. Trônant à 180 m au-dessus du pittoresque *borgo* de pêcheurs situé à l'extrémité du promontoire de Mont'Arbòstora, la place était admirablement choisie pour surveiller de loin le trafic lacustre, d'une grande importance. Car depuis la plus haute antiquité jusqu'à la construction de la digue du chemin de fer du Gothard au siècle dernier, le trafic reliant les cols alpins à la plaine lombarde passait au pied même du promontoire.
Selon la tradition, le château, qui n'est pas mentionné avant le XVe siècle, aurait remplacé une tour de guet romaine. Trop de guerres féodales sont intervenues, toutefois, pour entretenir le moindre espoir d'en découvrir la confirmation archéologique. Ce que nous voyons dans cette image aérienne est l'enceinte, d'origine médiévale mais reconstruite après la destruction de la place à l'époque des guerres d'Italie entre Confédérés et Français. La forme du bastion en talus, au premier plan, rappelle la menace représentée par l'introduction des bouches à feu à la fin du moyen âge. Il n'y a qu'une chose, en somme, qui reste inaltérée: l'exceptionnel panorama!

*Morcote (TI)*

Es gibt Stätten aus der Feudalzeit, die mehr noch als die Bauwerke, die sie tragen, die Atmosphäre jener Epoche wiedergeben. Dazu gehört auch der Standort der einstigen Burg von Morcote, rund 180 Meter über dem malerischen Fischerdorf am äußersten Zipfel der Landzunge des Mont'Arbostora. Der Platz war hervorragend gewählt, erlaubte er den Burgherren doch, den in damaliger Zeit außerordentlich bedeutsamen Seeverkehr weithin zu überwachen. In der Tat führte der Verkehr zwischen den Alpenpässen und der lombardischen Ebene seit ältester Zeit und bis zum Bau des Eisenbahndammes von Melide im vergangenen Jahrhundert am Fuße des Mont'Arbostora vorbei.
Nach der Überlieferung wurde die Burg, die erst im 15. Jahrhundert urkundlich erwähnt ist, an der Stelle eines römischen Wachtturms erbaut. Die Feudalkriege, die sich hier abspielten, richteten jedoch so große Verheerungen an, daß eine Nachprüfung dieser These nicht möglich ist. Was wir hier sehen, ist die Umfassungsmauer, die zwar mittelalterlichen Ursprungs ist, aber nach der Zerstörung des Platzes zur Zeit der Italienkriege zwischen Eidgenossen und Franzosen neu aufgebaut wurde. Die in den Hang gebaute Bastion im Vordergrund des Bildes zeugt von der Bedrohung, die die neu aufkommenden Feuerwaffen des Spätmittelalters für die Burgherren darstellten. Genaugenommen ist nur eines unverändert erhalten geblieben: das großartige Panorama!

*La Tour-de-Peilz (VD)*

Modifiant quelque peu la vision traditionnelle des visiteurs de La Tour-de-Peilz, cette vue plongeante atteste le plan nettement triangulaire de la place. C'est la forme du promontoire qui a dicté cette formule, apparentée aux plans des châteaux perchés sur un éperon, plus fréquents à vrai dire en montagne.
Les seigneurs de la Tour, vassaux de l'évêque de Sion au moment de la construction du premier château, au XII^e siècle, auraient quelque peine à reconnaître leur œuvre aujourd'hui! Leur donjon, qui s'élevait au bord du lac, a été démantelé. Les deux tours rondes conservées sont de toute évidence savoyardes et vraisemblablement contemporaines de la fondation du bourg, elle-même antérieure à 1282. Les grands toits à quatre pans sont ceux du manoir érigé par un officier français vers la fin de l'époque bernoise.
Vue ainsi, la place forte semble prise entre les mâchoires d'un étau géant. D'un côté le bourg, de l'autre le port. Bourg, château, port: trois éléments totalement distincts dans notre conception actuelle de l'aménagement du territoire, mais qui s'appuyaient mutuellement, au moyen âge, pour présenter un front commun en cas de péril. La triple installation défendait la limite des terres savoyardes face à Vevey, bastion des évêques de Lausanne. Les animosités féodales se sont depuis lors apaisées et une très belle promenade traverse aujourd'hui l'ancien no man's land entre Vevey et La Tour-de-Peilz.

*La Tour-de-Peilz (VD)*

Die Aufnahme aus der Senkrechten präsentiert uns La Tour-de-Peilz in etwas anderer Gestalt, als sie der Besucher sonst zu sehen bekommt. Sie zeigt klar den dreieckigen Grundriß der Anlage, der von der Form der Anhöhe diktiert wurde und den man sehr oft auch bei hochthronenden Burgen, allerdings vor allem in Berggegenden, findet.
Die Herren von La Tour, Vasallen des Bischofs von Sitten zur Zeit der Errichtung der ersten Burg im 12. Jahrhundert, hätten heute einige Mühe, ihre Schöpfung wiederzuerkennen. Ihr Bergfried am Seeufer wurde geschleift, und die beiden erhaltenen Rundtürme sind ganz offensichtlich savoyische Anfügungen, wahrscheinlich aus der Zeit der Gründung des Städtchens selbst vor 1282. Die großen Walmdächer schließlich gehören zu dem Landsitz, den ein französischer Offizier am Ende der bernischen Herrschaft hier errichtete.
So gesehen, scheint der befestigte Platz zwischen den Backen eines riesigen Schraubstocks eingespannt zu sein: der Siedlung auf der einen und dem Hafen auf der anderen Seite. Siedlung, Burg und Hafen sind nach unseren heutigen Raumplanungsbegriffen drei völlig voneinander geschiedene Elemente, doch im Mittelalter standen sie in engem Zusammenhang und bildeten im Falle der Gefahr eine gemeinsame Abwehrfront. Die dreifache Anlage schützte damals das Grenzgebiet der savoyischen Ländereien vor den Übergriffen von Vevey, Bollwerk der Bischöfe von Lausanne. Die Fehden zwischen den beiden Gebieten sind jedoch längst begraben, und heute führt ein höchst reizvoller Spazierweg durch das einstige Niemandsland zwischen Vevey und La Tour-de-Peilz.

*Laufen (ZH)*

Les féodaux du moyen âge, on s'en doute, ne regardaient pas les prestigieuses chutes du Rhin à Schaffhouse avec le même désintéressement que les touristes d'aujourd'hui. Obstacle à la navigation fluviale entre Bâle et Constance, le site se prêtait non seulement à la levée de péages mais aussi à la perception de droits de portage, puisque les marchandises devaient emprunter une voie de terre aménagée entre deux points de transbordement. Or, le commerce sur le Rhin prit son essor vers le milieu du XIe siècle. Est-ce une coïncidence si, pendant les cent années qui ont suivi, deux nouveaux châteaux, un monastère et une ville ont été implantés dans ces parages par les plus grands féodaux laïcs et ecclésiastiques du pays?
Le château de Laufen, par exemple, fut érigé en 1123 par un évêque de Constance et habité à l'origine par des vassaux des comtes de Kibourg, avoués épiscopaux. Enjeu entre le duc Albert d'Autriche et les Confédérés en 1499, la place fut finalement vendue à Zurich: ce sont les baillis zurichois qui en firent la splendide résidence que nous pouvons admirer aujourd'hui.
Les obstacles à franchir étaient si nombreux que le trafic fluvial s'est depuis longtemps arrêté, remplacé aujourd'hui par la voie ferrée, dont le tracé, contournant les difficultés et faisant fi des prérogatives de la féodalité, passe directement au-dessus du château.

*Laufen (ZH)*

Für die Feudalherren des Mittelalters hatte der Rheinfall bei Schaffhausen selbstverständlich eine ganz andere Bedeutung als für die Touristen von heute. Hindernis für die Flußschiffahrt zwischen Basel und Konstanz, eignete sich dieser Ort hervorragend nicht nur zur Zolleinnahme, sondern auch zur Erhebung von Trägergebühren, mußten doch die Waren auf dem Landweg zwischen den beiden Umladeplätzen oberhalb und unterhalb des Wasserfalls hin- und hertransportiert werden. Die Handelsschiffahrt auf dem Rhein blühte um die Mitte des 11. Jahrhunderts auf. Es ist also kein Zufall, daß im Laufe der folgenden zweihundert Jahre die mächtigsten weltlichen und geistlichen Herren der Region in dieser Gegend zwei neue Burgen, ein Kloster und eine Stadt erbauten.
Die Burg Laufen zum Beispiel wurde 1123 von einem Konstanzer Bischof errichtet und war ursprünglich von Vasallen der Grafen von Kyburg, Schutzherren des Bischofs, bewohnt. 1499 kam sie an Herzog Albrecht von Österreich und wurde schließlich 1544 an Zürich verkauft. Die glanzvolle Residenz, die wir heute sehen, ist das Werk der Zürcher Vögte.
Die wegen der zahlreichen Hindernisse beschwerliche Schiffahrt ist seit langem eingestellt. Die Eisenbahnlinie, die ihr Erbe antrat, umgeht die naturbedingten Schwierigkeiten, indem sie, unter Mißachtung aller feudalen Prärogativen, unmittelbar unter dem Schloß durchführt.

*Rhäzüns (GR)*

De tout temps les sites aux résonances légendaires ont exercé une certaine attraction sur les peuples.

Il ne semble pas que les grands féodaux aient été sourds à ce genre d'appel. Nous avons déjà évoqué l'histoire de Hohenrätien (p. 70); voici maintenant Raetiodunum, la place forte de la mystérieuse race des Rhètes. Le toponyme autant que l'aspect sauvage du site durent plaire aux seigneurs qui, au XIIIe siècle probablement, bâtirent leur château à cet endroit et en adoptèrent le nom. L'histoire a confirmé que le site avait été bien choisi. Avant l'extinction de la dynastie en 1458, les barons de Rhäzüns étaient devenus la plus puissante des familles nobles du pays.

Le Rhin postérieur – coupé ici par deux îlots de terre – n'a jamais été navigable. Le château n'était pas pour autant isolé de toute voie de communication. Une route aujourd'hui abandonnée franchissait la rivière à la hauteur de la vénérable chapelle Saint-Georges (en haut mais en dehors de notre image) avant de s'engager dans la vallée du Domleschg par la rive droite. La chapelle évoque elle aussi une légende, celle du saut par-dessus le Rhin de son titulaire, ce saint chevalier auquel les féodaux à l'imagination fertile aimaient attribuer les plus extravagantes prouesses.

*Rhäzüns (GR)*

Von jeher übten legendenumwobene Stätten eine besondere Anziehungskraft auf den Menschen aus. Auch die mächtigen Feudalherren des Mittelalters blieben, wie es scheint, davon nicht unberührt. Die Geschichte von Hohenrätien wurde bereits erwähnt (S. 70) – hier haben wir nun Raetiodunum vor uns, einen weiteren befestigten Platz des geheimnisvollen Volks der Räten. Sowohl die Ortsbezeichnung als auch die urtümliche Landschaft dürfte nach dem Geschmack der Herren gewesen sein, die hier wahrscheinlich im 13. Jahrhundert ihre Burg errichteten und sich nach ihr benannten. Die Geschichte bestätigte die Richtigkeit dieser Standortwahl: Die Freiherren von Rhäzüns, deren Geschlecht 1458 erlöschen sollte, wurden zur mächtigsten Adelsfamilie dieses Landstrichs.

Der Hinterrhein, der hier von zwei kleinen Inseln geteilt wird, ist nie schiffbar gewesen. Das bedeutet jedoch nicht, daß die Burg von allen Verbindungswegen abgeschnitten war. In Höhe der ehrwürdigen Kirche des hl. Georg (außerhalb unseres Bildes, oben) überspannte einst eine Brücke den Fluß, von der eine Straße dem rechten Ufer entlang ins Domleschg führte. Die Kirche selbst ist ebenfalls Gegenstand einer Legende – sie soll an ebendem Ort stehen, wo das Pferd des heiligen Georg nach einem gewaltigen Sprung über den Rhein aufsetzte und damit seinen Reiter, dem das phantasiereiche Mittelalter so manche außergewöhnliche Heldentat zuschrieb, dem Zugriff seiner bösen Verfolger entzog.

*Bottmingen (BL)*

Comment justifier l'inclusion de Bottmingen, qui passe pour un château de plaisance du XVIII<sup>e</sup> siècle, dans un livre sur le moyen âge? Ses nombreux visiteurs – Bottmingen est situé aux portes de Bâle – ne se remettront sans doute de leur surprise initiale qu'en lisant la suite.
C'est depuis 1720 exactement que le château affecte la grande manière des palais baroques. Les architectes qui s'occupèrent de sa transformation réussirent, d'ailleurs, fort bien dans leur tâche! Aujourd'hui encore, la façade principale, cantonnée de tours jumelées coiffées de bulbes, atteste leur maîtrise. Elément complémentaire de la belle tradition baroque, l'eau rehausse en retour la beauté du monument.
Seulement, cet édifice n'est pas et n'a jamais été, à proprement parler, un palais dans le sens traditionnel du terme. C'est encore et toujours un château fort, un château à douves du type savoyard édifié au XIV<sup>e</sup> siècle sur le modèle introduit cent ans plus tôt à Yverdon (p. 46) par Pierre II de Savoie. La vue plongeante rend tout cela beaucoup plus évident qu'il n'y paraît au sol. Car en accentuant le plan – un quadrilatère appuyé sur quatre tours d'angle, dont une seule a disparu – et surtout en escamotant les excroissances baroques, la prise de vue aérienne agit comme un filtre, pour mieux restituer le Bottmingen des origines, le château du moyen âge.

*Bottmingen (BL)*

Was hat Bottmingen, das allgemein als Lustschloß des 18. Jahrhunderts bekannt ist, in einem Buch über das Mittelalter zu suchen, wird sich der verwunderte Leser vielleicht fragen. Er soll es sogleich erfahren.
Die Anlage vor den Toren Basels ist in ihrer heutigen Gestalt als Barockpalais in der Tat eine Schöpfung aus dem Jahre 1720, doch ihre Ursprünge reichen um etliches weiter zurück. Die Architekten, die sie umbauten, leisteten übrigens vorzügliche Arbeit. Von ihrem meisterhaften Können zeugt noch heute die von zwei Zwiebeltürmen flankierte Fassade. Ergänzendes Element der schönen Barocktradition, erhöht das Wasser den Reiz dieses Bauwerks nur noch mehr.
Im Grunde aber war Bottmingen nie ein Schloß im herkömmlichen Sinne und ist es auch heute nicht. Noch jetzt hat es den Charakter einer Burg, der Weiherburg savoyischen Typs, die hier im 14. Jahrhundert nach dem Modell der hundert Jahre früher von Peter II. von Savoyen in Yverdon (S. 46) errichteten Anlage entstand. Unser Flugbild aus der Senkrechten zeigt dies viel deutlicher, als man es vom Boden aus zu erkennen vermag. Indem sie den Grundriß – ein Viereck, von dessen Winkeltürmen noch drei erhalten sind – hervortreten, den barocken Aufriß dagegen zurücktreten läßt, wirkt die Photographie wie eine Art Filter, der das Bottmingen der Ursprungszeit, die mittelalterliche Burg, wieder zum Vorschein bringt.

## *Hallwil (AG)*

La féodalité connaît de curieux prolongements dans deux des cantons suisses soumis autrefois au régime conservateur des bailliages. Lors des conquêtes bernoises, l'ancien *pagus* d'Argovie et la baronnie de Vaud offraient déjà un grand nombre de places dignes de servir de sièges à la nouvelle administration. Les baillis entretinrent donc leur «status symbol» avec la même assiduité que les bâtisseurs primitifs. C'est pourquoi l'Argovie partage aujourd'hui avec le canton de Vaud le mérite d'avoir le mieux conservé autant de grands châteaux dynastiques.

Il n'y a pas que des pierres pour témoigner ici de cette remarquable continuité, il y a des hommes! Les descendants directs des premiers nobles de Hallwil installés en ces lieux voici bientôt neuf cents ans tenaient encore leur siège en 1925, moment où ils le cédèrent à la Confédération. Avec les Blonay vaudois rencontrés plus haut, les Hallwil étaient les derniers représentants de l'ordre féodal «suisse» à jouir encore de leur patrimoine originel.

Hallwil est le type du château alémanique à douves bâti dans une plaine pour tirer protection des eaux d'une rivière ou d'un marais. Deux îles rapprochées lui ont conféré son double plan ovoïde, unique en ce pays. Une seule de ces îles était affectée, à l'origine, à la défense: les fondations du donjon du XI^e^ ou XII^e^ siècle, démoli en 1844, sont encore visibles à droite sur la photo, au milieu de la petite île «arrière» (*Hinteres Haus*). Agrandissements et altérations, incendies et démolitions: neuf fois séculaire, Hallwil demeure l'expression, concrétisée par la pierre, d'une grande lignée féodale.

## *Hallwil (AG)*

In zwei der Schweizer Kantone, die einst dem Regime der Vogteien unterstanden, haben sich die Stammsitze alter Feudalgeschlechter weit besser erhalten als anderswo. Zur Zeit der bernischen Eroberungszüge gab es im Aargau und in der Waadt bereits eine große Zahl von Burgen, die durchaus würdig waren, der neuen Verwaltung als Sitz zu dienen. Die Vögte widmeten sich der Pflege ihres «Statussymbols» mit dem gleichen Eifer wie vor ihnen die Erbauer der Anlagen, woraus sich denn auch deren bewundernswerter Zustand erklärt.

In Hallwil sind es jedoch nicht nur die Gemäuer, die von dieser außergewöhnlichen Kontinuität zeugen, sondern, zumindest bis vor einigen Jahrzehnten, auch deren Bewohner. Die direkten Nachkommen der ersten Herren von Hallwil, die hier vor bald neun Jahrhunderten ihren Sitz errichteten, hielten diesen bis 1925.

Hallwil ist eine Wasserburg nördlichen Typs, wie man sie in flachem Gelände erbaute, um einen Fluß oder Sumpf für die Verteidigung nutzbar zu machen. Auf zwei nahe beieinanderliegenden Inseln der Aa errichtet, zeigt die Doppelanlage einen in der Schweiz absolut einmaligen ovalen Grundriß. Ursprünglich diente nur eine dieser Inseln, die hintere («Hinteres Haus»), Verteidigungszwecken. Von ihrem Bergfried aus dem 11. oder 12. Jahrhundert, der 1844 abgetragen wurde, sind rechts im Bild noch die heute überdachten Fundamente zu sehen. In seiner neunhundertjährigen Geschichte hat Hallwil gar vielerlei erlebt. Brände haben die Burg heimgesucht und Kriege, und dennoch steht sie da als in Stein gehauener Ausdruck der Zähigkeit eines der berühmtesten Geschlechter der Schweiz.

*Stansstad (NW)*

La nature, en aménageant les grandes voies alpestres, a forgé aussi, avec beaucoup de prévoyance, un certain nombre de verrous permettant aux hommes de défendre ces passages. Bellinzone et Castelmur sur le versant sud des Alpes, St-Maurice et Luziensteig sur le versant nord comptent parmi les plus célèbres de ces points stratégiques, et pour cause: leurs dispositifs de défense ont été sans cesse améliorés depuis l'époque romaine jusqu'à nos jours. Le moyen âge a été particulièrement fécond en aménagements de cet ordre, ainsi qu'en témoigne l'étonnante histoire du goulot de Stansstad, au pied du Mont-Pilate.
Stansstad était déjà un port d'une certaine importance sur le réseau de voies sillonnant la région de Lucerne lorsque fut ouverte, vers 1230, la route du St-Gothard. Son importance stratégique allait décupler en moins de cent ans, au cours du siècle qui vit la Confédération se constituer et lutter pour son indépendance. Cette modeste tour crénelée érigée vers 1250 pour défendre le port devint le maillon d'un vaste système de barrages bloquant l'approche de l'ennemi par le col du Brünig. Au lendemain de Morgarten, semble-t-il, les Confédérés tendirent entre les deux rives de la passe une double palissade faite de huit mille troncs d'arbres dont on peut encore voir des traces par basses eaux.
Axe de communication internationale, c'est l'autoroute du Gothard qui se lance aujourd'hui par-dessus cette ancienne ligne de défense: pont de béton à la place des troncs mais aussi formidable barrage si on faisait sauter l'ouvrage pour bloquer l'approche d'un ennemi.

*Stansstad (NW)*

Als die großen Alpenübergänge entstanden, scheint die weitblickende Natur zu deren Schutz auch eigens eine Anzahl von Sperriegeln geschaffen zu haben. Bellinzona und Castelmur auf der Alpensüdseite, St-Maurice und Luziensteig auf der Nordseite, vier menschliche Schöpfungen, die sich diese Riegel zunutze machten, zählen denn auch zu den wichtigsten strategischen Punkten im Alpengebiet, weshalb ihre Verteidigungsanlagen seit der Römerzeit bis in die Gegenwart unablässig verbessert wurden. Das Mittelalter war in der Errichtung solcher Anlagen besonders schöpferisch, wie die erstaunliche Geschichte der See-Enge von Stansstad am Fuße des Pilatus zeigt.
Als um 1230 die Gotthardstraße eröffnet wurde, war Stansstad bereits ein recht wichtiger Hafen im Einzugsgebiet dieses Passes südlich von Luzern. Seine Bedeutung sollte in den folgenden Jahrzehnten, in die auch die Entstehung der Eidgenossenschaft und ihr Unabhängigkeitskampf fielen, um ein Vielfaches zunehmen. Der hier sichtbare zinnengekrönte Turm aus dem Jahre 1250, der zunächst bloß der Verteidigung des Hafens diente, wurde nun Bestandteil einer ausgedehnten Sperrkette, die dem Feind den Zugang vom Brünig her verwehren sollte. Wahrscheinlich kurz nach der Schlacht von Morgarten errichteten die Eidgenossen zwischen den beiden Seeufern eine doppelte Palisade aus achttausend Baumstämmen, deren Überreste bei niedrigem Wasserstand noch zu sehen sind.
Über die alte Verteidigungslinie spannt sich heute die Betonbrücke der Gotthard-Autobahn, Verkehrsachse von internationaler Bedeutung.

# Les ossements de la féodalité

A côté des multiples variétés de châteaux forts parvenus intacts jusqu'à nous, il est une autre catégorie qui tapisse le sol de ce pays, comme les fossiles d'une race de mammifères géants. Et à côté de ces ruines soigneusement répertoriées sur nos cartes monumentales, combien de places fortes ont dû exister dont on ignore aujourd'hui jusqu'à l'emplacement! La simple vue de ces «ossements de la féodalité» nous incite donc, tel Hamlet scrutant le crâne de son ami d'enfance, à épiloguer sur la portée de l'œuvre des féodaux suisses dans son ensemble.

Les spécialistes de la question situent entre deux et trois mille le nombre total des places fortes médiévales situées sur notre territoire. Plus de la moitié d'entre elles sont arasées aujourd'hui. Toutefois, après avoir visité – au sol – un bon millier de sites féodaux, l'auteur de ces lignes ne peut que s'incliner devant une évidence: nos connaissances actuelles sont encore bien trop fragmentaires pour fixer une limite – même approximative – à leur nombre.

Des écueils d'interprétation menacent tout chercheur dans ce domaine. Ni l'absence des fondations en pierre par lesquelles on reconnaît un site de château abandonné, ni la carence des textes par lesquels on identifie parfois son propriétaire ne sauraient écarter la possibilité de l'existence d'un site. En Suisse comme dans le reste de l'Europe, les habitations des seigneurs locaux étaient le plus souvent bâties en bois, et cela jusqu'en plein XIII^e^ siècle. L'archéologue réussirait-il quand même à localiser une place forte, c'est au tour de l'historien de se perdre en conjectures quant à son bâtisseur!

Notre image de la féodalité dépend, en fin de compte, des hasards de la conservation. Les outrages du temps et les déprédations des hommes ont inévitablement altéré la géographie de distribution de ces places, comme ils ont altéré le visage des monuments encore conservés. Dans certaines zones, victimes du tremblement de terre de 1356 (dans le nord du Jura) ou du passage des armées (à Laupen, Sempach et Sion, pour rester dans les seules limites du XIV^e^ siècle), c'est le plus gros du dispositif féodal qui est en ruines aujourd'hui. Alors que dans d'autres zones – la campagne de Winterthour, la rive nord du Léman – nombreux sont les châteaux encore parfaitement

# Fossilien des Feudalismus

Neben den Burgen aller Art, die mehr oder weniger unversehrt erhalten geblieben sind, gibt es schließlich auch solche, deren Ruinen den Boden unseres Landes bedecken wie Fossilien einer ausgestorbenen Riesengattung. Sorgfältig auf unseren archäologischen Karten verzeichnet, lassen sie uns auch all der befestigten Plätze gedenken, von denen heute nicht einmal mehr der genaue Standort bekannt ist. Beim Anblick dieser «Fossilien des Feudalismus» sind wir daher versucht, über die Bedeutung des Feudaladels auf schweizerischem Gebiet nachzusinnen.

Spezialisten schätzen die Gesamtzahl der mittelalterlichen Burgen auf dem Gebiet der heutigen Schweiz auf zwei- bis dreitausend. Mehr als die Hälfte davon liegen in Trümmern. Doch nach der Besichtigung von gut tausend solcher Stätten «zu Lande» kann der Verfasser dieser Zeilen nur feststellen: Unsere Kenntnisse sind noch viel zu bruchstückhaft, als daß man auch nur eine annähernd genaue Gesamtzahl angeben könnte.

In diesem Bereich läuft jeder Forscher Gefahr, falsche Schlüsse zu ziehen. Weder das Fehlen von Grundmauern, an denen man im allgemeinen den Standort einer einstigen Burg erkennt, noch das Fehlen einer urkundlichen Erwähnung, die die Identifizierung ihres Besitzers gestatten würde, sind ein eindeutiger Beweis dafür, daß es eine Befestigung an dieser oder jener Stelle *nicht* gab. In der Schweiz wie im übrigen Europa wurden Herrensitze sehr oft aus Holz erbaut, und dies bis weit ins 13. Jahrhundert. Gelingt es dem Archäologen trotz allem, eine solche Stätte zu orten, so ist es Sache des Historikers, Mutmaßungen über ihren Gründer anzustellen.

Unser Bild von der Feudalgesellschaft hängt letztlich von den baulichen Zeugen aus jener Zeit und ihrem – Zufällen unterworfenen – Erhaltungszustand ab. Das Zerstörungswerk der Zeit und des Menschen hat in das Gefüge dieser Plätze zwangsläufig Lücken gerissen, ebenso wie es das Gesicht der noch erhaltenen Monumente verändert hat. In einigen Gebieten, die von Erdbeben heimgesucht wurden (der Nordjura im Jahre 1356) oder Schauplatz kriegerischer Auseinandersetzungen waren (Laupen, Sempach und Sitten, um im Rahmen des 14. Jahrhunderts zu bleiben), liegt der größte Teil der Feudalsitze

conservés. Ici, nous ne découvrons plus que quelques moellons étouffés par la végétation, là, un coquet manoir baroque érigé avec les matériaux trouvés sur place.
Ce jeu de hasard a tout de même favorisé en montagne une certaine forme de conservation que l'on ne trouve pas en plaine. Nous parlons de ces concentrations de ruines sur les hauteurs du Jura et des Alpes qui impriment, entre parenthèses, un caractère si romantique à notre image – déformée – de la Suisse féodale. Car bien qu'abandonnées, en général relativement tôt, ces places ont curieusement bénéficié d'un sursis de l'Histoire: celui d'être hors de la portée des démolisseurs!
De cette multitude de ruines qui blanchissent les crêtes et les pentes boisées de la Suisse, qu'est-ce qui reste, en fin de compte, pour nous renseigner sur la vie même des féodaux? Force est de l'admettre: à première vue, bien peu de choses. Les éléments d'un château qui ont le mieux résisté au passage des siècles – le donjon et les murs d'enceinte – n'évoquent en général qu'une volonté, évidente, de survivre aux assauts de l'ennemi. On pourrait en dire autant de l'abri antiatomique d'aujourd'hui! En revanche, là où se déroulait la vie domestique en temps normal – dans le logis seigneurial et les annexes de garnison, dans la chapelle et dans la cuisine, dans les communs et dans les lices – là sont les éléments qui nous font cruellement défaut aujourd'hui.
Etant conscients de cette carence, nous ne sommes plus tentés de penser que le «grand soleil est l'ennemi de la beauté des ruines», comme l'affirmaient les romantiques, qui tissaient de ténébreuses légendes autour de ces reliques sorties de la nuit des temps. S'il est un espoir aujourd'hui d'insuffler à ces sites une vie plus conforme à leur réalité, de ressusciter en quelque sorte ces ossements de la féodalité, c'est que l'archéologie moderne fait justement appel à la lumière du «grand soleil». Quelle meilleure illustration pourrions-nous en fournir que celle de la prospection aérienne?

heute in Trümmern. In anderen Gegenden wiederum – wie etwa in der Umgebung von Winterthur und am Nordufer des Genfersees – sind zahlreiche Burgen und Schlösser tadellos erhalten geblieben. Bieten sich unserem Auge dort bloß noch einige von der Vegetation überwucherte Mauerreste, erhebt sich hier ein anmutiger Landsitz im Barockstil, für dessen Errichtung ältere Bauteile verwendet wurden.
Nicht ganz so zufällig aber ist die Tatsache, daß sich in den Bergen ein anderes Bild der Vergangenheit erhalten hat als im Flachland. Wir denken hier an jene dichtgesäten Ruinenstätten auf den Jurahöhen und in den Alpen, die unserem, nebenbei gesagt, verzerrten Bild von der mittelalterlichen Schweiz eine so romantische Note verleihen. Im allgemeinen schon verhältnismäßig früh verlassen, verdanken diese Plätze ihren Fortbestand dem glücklichen Zufall, daß sie außerhalb der Reichweite der modernen Zerstörer liegen.
Was aber sagen jene Ruinen, die die Bergkämme und bewaldeten Hänge der Schweiz überziehen, letzten Endes über das Leben aus, das sich einst in ihren Mauern abspielte?
Wir müssen es wohl oder übel zugeben: auf den ersten Blick recht wenig. Die Teile einer Burg, die der Zeit am ehesten zu widerstehen vermochten – Bergfried und Einfassungsmauern –, deuten im allgemeinen nur auf den offensichtlichen Überlebenswillen ihrer Erbauer hin. Dasselbe ließe sich auch vom Atombunker unserer Zeit sagen! Jene Teile aber, wo sich in normalen Zeiten das Burgleben abwickelte – die Wohngemächer der Herren, die Garnisonsunterkünfte, die Kapelle, die Küche, die Gesindewohnungen und die Turnierplätze –, diese Teile fehlen hier vollständig.
So werden wir heute kaum mehr den Romantikern beipflichten, die sagten, das helle Tageslicht sei ein Feind der Schönheit der Ruinen, und die diese Reliquien einer fernen Vergangenheit mit Legenden aller Art umwoben. Wenn heute Hoffnung besteht, ein wirklichkeitsnäheres Bild der damaligen Zeit zu gewinnen, so gerade deshalb, weil die moderne Archäologie uns erlaubt, jene Stätten im «hellen Tageslicht» zu betrachten. Und das ist auch der Zweck unserer Luftaufnahmen.

*Neu-Falkenstein (SO)*

Un éperon d'accès difficile, un défilé stratégique, un carrefour de vieux chemins au pied des cols du Jura: toutes les conditions étaient réunies pour faire jaillir du roc de Neu-Falkenstein une forteresse aux destinées exceptionnelles. C'est la dernière-née d'une impressionnante famille d'installations de «contrôle» issues de la politique clairvoyante des comtes de Frobourg du XIe au XIIIe siècle, qui jalonnèrent de bourgs et de places fortes les cluses et les cols entre Bâle et le Plateau suisse pour tirer profit du renouveau du commerce entre la Haute-Allemagne et l'Italie.

Bâti en deux étapes – le château primitif occupait l'est de l'éperon, à droite du donjon rond – Neu-Falkenstein acquit une certaine renommée au moyen âge comme refuge de l'un des assassins du roi Albert d'Autriche, mort à Königsfelden en 1308. Ni le tremblement de terre de 1356 – si dévastateur de châteaux jurassiens – ni les nombreux sièges et soulèvements populaires de la fin du moyen âge ne semblent l'avoir touché. L'auréole de romantisme qui entoure les ruines de Neu-Falkenstein ne doit pas faire illusion: la destruction de cette place ne remonte qu'à 1798, date du passage des troupes françaises par cette vieille voie de pénétration, si commode, du Plateau suisse.

*Neu-Falkenstein (SO)*

Ein schwer zugänglicher Felssporn, ein strategischer Engpaß, ein alter Kreuzweg am Fuß der Jura-Übergänge – alle Bedingungen waren erfüllt, um hier eine Festung entstehen zu lassen, der ein außergewöhnliches Schicksal beschieden war. Neu-Falkenstein hoch über der Aare war die jüngste einer stattlichen Reihe von Gründungen der weitsichtigen Grafen von Froburg, die zwischen dem 11. und dem 13. Jahrhundert die Klusen und Pässe zwischen Basel und dem Mittelland unter ihre Kontrolle brachten, um Gewinne aus dem neu aufblühenden Handel zwischen Süddeutschland und Italien einzuheimsen.

Die in zwei Etappen erbaute Burg – die ursprüngliche Anlage befand sich weiter östlich, rechts vom runden Bergfried – erwarb sich im Mittelalter einen gewissen Ruf als Zufluchtsort eines der Verschwörer, denen 1308 Albert von Österreich in Königsfelden zum Opfer fiel. Weder das Erdbeben von 1356, das für die jurassischen Burgen so verheerende Folgen hatte, noch die zahlreichen Volksaufstände des Spätmittelalters konnten ihr offenbar etwas anhaben. Der romantische Schimmer, der die Ruinen von Neu-Falkenstein umgibt, soll uns jedoch nicht täuschen – der Platz wurde erst 1798 von den Franzosen zerstört, die auf der alten und so bequemen Einfallsstraße ins schweizerische Mittelland hier vorbeizogen.

## *Gräpplang (SG)*

Sillonnée par les Romains déjà, la grande route transversale reliant la Haute-Alsace aux cols rhétiques via Bâle, Zurich et Coire fut jalonnée au moyen âge de nouvelles places fortes dont la plupart sont en ruines aujourd'hui. Le tronçon de Flums, à mi-chemin entre Rapperswil et Coire, est significatif à ce propos. Une première implantation remontant à l'époque des grandes invasions, sur les hauteurs du Georgenberg, en face de Flums, semble avoir été abandonnée, ne laissant pour seul témoignage qu'une chapelle prémillénaire encore conservée aujourd'hui. Le château de Gräpplang, édifié avant 1249 pour les ministériels de l'évêque de Coire, prit sa relève, en quelque sorte, pour maintenir une surveillance sur la voie d'approche du siège épiscopal.

A en juger par les différents aménagements perceptibles au sol, la vie qu'on menait dans les places de cette importance n'était pas toujours d'une austérité monacale! La vaste tour d'habitation, de plan polygonal, renferme encore les traces d'une citerne, d'une chapelle domestique, de cheminées et de galeries, le tout réservé bien entendu aux châtelains, tandis que le reste de la crête était affecté aux bâtiments de service. Deux siècles d'abandon ont suffi pour emporter tout ce qui constituait le vernis d'élégance de l'époque, mais les murailles défensives ne sont pas près de se laisser atteindre par les siècles.

## *Gräpplang (SG)*

Entlang der schon von den Römern begangenen Verbindungsstraße zwischen dem Oberelsaß und den Pässen der Rätischen Alpen via Basel, Zürich und Chur wurde im Mittelalter eine ganze Reihe neuer Burgen errichtet, die heute in ihrer Mehrzahl in Trümmern liegen. Die Umgebung von Flums, auf halbem Weg zwischen Rapperswil und Chur, ist in dieser Hinsicht von besonderem Interesse. Eine erste, aus der Epoche der großen Invasionen stammende Gründung auf der Anhöhe des Georgenbergs gegenüber Flums scheint frühzeitig aufgegeben worden zu sein. Einziges Überbleibsel dieser Anlage ist eine Kapelle, deren Ursprünge ins erste Jahrtausend unserer Zeitrechnung zurückreichen. Die spätere Burg Gräpplang, vor 1249 für die Ministerialen des Bischofs von Chur erbaut, erfüllte vor allem den Zweck, die Straße zum Bischofssitz zu überwachen.

Nach noch erkennbaren Einrichtungen zu urteilen, führten die Burgbewohner hier ein vergleichsweise angenehmes Leben. Der große Wohnturm, im Grundriß ein Vieleck, zeigt noch Spuren einer Zisterne, einer Hauskapelle, mehrerer Kamine und Galerien. Dieser Turm war selbstverständlich dem Kastellan und seiner Familie vorbehalten, während die anderen Bewohner in den Dienstgebäuden auf der restlichen Fläche des Hügelrückens untergebracht waren. Zwei Jahrhunderte des Unbewohntseins genügten, um all das verschwinden zu lassen, was einem Herrensitz jener Epoche Glanz verlieh, doch die Befestigungsmauern überdauerten die Zeit unbeschadet und werden wohl noch lange fortbestehen.

## *Canova (GR)*

La riante vallée du Domleschg, au cœur de la Rhétie, est, de tout le canton, celle qui possède la plus forte concentration de châteaux bien conservés, témoin celui de Rhäzüns (p. 107), parvenu intact jusqu'à nous grâce à la diplomatie des derniers barons qui, au lieu de s'opposer à la formation de la Ligue Grise, soutinrent ce mouvement d'émancipation. C'est aussi dans le Domleschg que se trouve la plus grande densité de ruines des Grisons, places fortes presque toutes victimes de soulèvements populaires.

Il est très rare de trouver dans les Alpes rhétiques ce type de tour ronde, qui rappelle celles des châteaux savoyards de Suisse romande. Les barons de Vaz qui édifièrent cette tour-ci (sur le modèle, peut-être, de l'un de ces donjons du XIII^e^ siècle si caractéristiques du Bas-Valais) doivent avoir été fiers de leur innovation: ils nommèrent leur château Canova – «Maison neuve» – pour bien marquer le point.

Le donjon de Canova était affecté surtout à l'habitation. L'aménagement intérieur des cinq étages (munis entre autres de cheminées, de latrines et de conduites pour l'eau potable) ne laisse aucun doute à ce propos, exposé comme il est aux quatre vents depuis l'écroulement des maçonneries sur toute une face. Emergeant à peine de la forêt envahissante, la ruine, main fossile, tend aujourd'hui vers le ciel les doigts de ses derniers créneaux.

## *Canova (GR)*

Von allen Gebieten des Bündnerlandes hat das im Herzen des Kantons gelegene liebliche Tal des Domleschg die größte Zahl von guterhaltenen Burgen aufzuweisen. Eine davon wurde hier bereits besprochen: Es ist die von Rhäzüns (S. 107), deren bewundernswerter Zustand dem diplomatischen Geschick der letzten Vertreter der dort beheimateten Dynastie zu verdanken ist, die sich der Bildung des Grauen Bundes nicht widersetzten, sondern die Emanzipationsbewegung unterstützten. Im Domleschg finden wir aber auch die meisten Ruinenstätten Bündens, hauptsächlich befestigte Plätze, die Volksaufständen zum Opfer fielen.

Rundtürme von der Art des hier abgebildeten, der an jene der Savoyer Burgen in der Westschweiz erinnert, findet man in den Rätischen Alpen nur sehr selten. Die Freiherren von Vaz, die ihn erbauten (möglicherweise nach dem Vorbild jener charakteristischen Bergfriede des Unterwallis aus dem 13. Jahrhundert), müssen auf ihre Neuerung nicht wenig stolz gewesen sein, nannten sie ihre Burg doch «Canova» – «Neues Haus».

Der Bergfried von Canova diente vor allem Wohnzwecken. Die Innenausstattung der fünf Stockwerke, die unter anderem mit Kaminen, Latrinen und Trinkwasserleitungen versehen waren, läßt daran keinen Zweifel. Seit das Mauerwerk auf einer Seite ganz eingestürzt ist, pfeift jedoch der Wind durch die Räume. Der Zeitenlauf läßt sich auch am Vorrücken des Waldes ablesen, aus dem die Ruine ihre letzten Zinnen wie eine fossile Hand emporstreckt.

*Alt-Bechburg (SO)*

Ce labyrinthe de murailles, énigme posée face au ciel, est le berceau de la dynastie comtale des Bechburg, vassaux frobourgeois au XIIe siècle et souche de la puissante lignée des Falkenstein au XIIIe siècle. D'où peut-être un certain air de parenté entre Alt-Bechburg et Neu-Falkenstein (p. 113). Perchés tous deux sur des rochers ruiniformes, ces bastions devaient défendre deux tronçons de la même route, celle de l'Ober-Hauenstein, reliant Bâle et la vallée de l'Aar.
Comme Neu-Falkenstein, Alt-Bechburg est un remarquable exemple de *Ganerbenburg*, château érigé en copropriété à la suite de partages et de ventes au cours des XIIIe et XIVe siècles. Les comtes de Bechburg ne disposaient que du noyau primitif – le complexe situé vers le haut de l'image – alors que la grande habitation quadrangulaire à l'extrémité de l'éperon relevait d'une autre famille. On imagine les complications sociales et juridiques que pouvait engendrer une telle situation!
La cour mitoyenne, bien visible sur cette photo, fut le théâtre d'une spectaculaire découverte lors des dernières fouilles, exécutées avant la guerre. Les cinq mille pièces d'argent du XIIe siècle retrouvées là confirment ce que l'on savait déjà de l'importance de la dynastie fondatrice, mais n'élucident pas les motifs de cette thésaurisation, ni, surtout, les raisons de l'oubli de la cachette par ses propriétaires!

*Alt-Bechburg (SO)*

Dieses Labyrinth von Mauern, das dem Betrachter aus der Luft gar manche Frage aufgibt, war einst die Stammburg der gräflichen Dynastie der Bechburg, die im 12. Jahrhundert Vasallen der Froburger waren und von denen sich im 13. Jahrhundert die mächtige Linie der Falkenstein abzweigte. Daraus erklärt sich vielleicht jene Ähnlichkeit zwischen Alt-Bechburg und Neu-Falkenstein (S. 113), die beide hoch auf einem Felsen thronen und zwei Abschnitte der gleichen Durchgangsstraße, derjenigen des Oberen Hauensteins zwischen Basel und dem Aaretal, überwachten.
Wie Neu-Falkenstein ist auch Alt-Bechburg bemerkenswertes Beispiel einer Ganerbenburg, das heißt einer infolge von Erbteilungen oder Verkäufen in Eigentumsgemeinschaft bewohnten Anlage, wie man sie im 13. und 14. Jahrhundert recht häufig fand. Die Grafen von Bechburg verfügten nur über den ursprünglichen Kern – den Komplex oben im Bild –, während der große viereckige Bau am Rande des Felssporns einem anderen Geschlecht gehörte. Man kann sich unschwer vorstellen, welche sozialen und rechtlichen Komplikationen aus einer derartigen Situation entstehen mußten.
Der auf unserem Bild erkennbare Mittelhof wurde im Laufe der letzten Ausgrabungsarbeiten kurz vor dem Zweiten Weltkrieg zum Schauplatz einer spektakulären Entdeckung: Fünftausend Silberstücke aus dem 12. Jahrhundert wurden hier gefunden! Der Silberschatz bestätigte, was man über die Bedeutung der Gründerdynastie schon vorher gewußt hatte, doch die Motive dieser Hortung und die Frage, wie er so lange unberührt bleiben konnte, blieb ungeklärt.

## *Kropfenstein (GR)*

De Lascaux à Lourdes en passant par Kropfenstein, tout un chapitre de l'histoire universelle des mentalités pourrait porter pour titre: «l'attrait de la grotte». Au moyen âge, période plus pragmatique qu'on ne le prétend en général, les grottes abritaient parfois de saints ermites (Ursanne entre autres) et, bien plus souvent, des gens armés jusqu'aux dents! Une quarantaine de sites rupestres répertoriés sur l'ensemble du territoire suisse ont pu être classés soit comme abris temporaires pour des populations en péril, soit comme véritables châteaux forts habitables en permanence. Les curieuses *case dei pagani* que les Tessinois ont longtemps attribuées aux envahisseurs sarrasins du Xe siècle appartiendraient, par exemple, à la première catégorie: c'étaient les indigènes des hautes vallées eux-mêmes qui y trouvaient refuge lors du passage des armées...
Quant à Kropfenstein, dans l'Oberland grison, c'est le type perfectionné du château rupestre. L'un de ses premiers propriétaires, Otto de Grovenstein, vassal de l'évêque de Coire, est cité en 1228; la place aurait été habitée jusqu'au XVIe siècle, puis abandonnée. Ce qui n'enlève rien au caractère exceptionnel du site! Accroché à une étroite corniche surplombant de 350 m le cours du Rhin antérieur, Kropfenstein mérite sa renommée d'ouvrage le plus audacieux et le plus parfaitement inexpugnable bâti par la féodalité sur le territoire suisse.

## *Kropfenstein (GR)*

Es gibt in der Kulturgeschichte des Menschen ein Kapitel, das den Titel «Die Anziehungskraft der Höhle» tragen könnte. In dieses Kapitel gehören nicht nur Stätten wie Lascaux und Lourdes, sondern auch solche wie Kropfenstein im Bündner Oberland. Im Mittelalter, das in Wirklichkeit viel pragmatischer war, als man gemeinhin annimmt, dienten die Höhlen zuweilen frommen Einsiedlern als Unterschlupf (etwa in Saint-Ursanne), noch häufiger aber bis an die Zähne bewaffneten Mannen. Auf schweizerischem Gebiet sind bis heute rund vierzig Höhlen verzeichnet, die nachweislich als temporäre Zufluchtsstätten für bedrohte Talschaften oder als ständig bewohnbare befestigte Plätze benutzt wurden. Die eigenartigen *case dei pagani* im Tessin zum Beispiel, die lange Zeit den sarazenischen Eindringlingen des 10. Jahrhunderts zugeschrieben wurden, gehören allem Anschein nach zur erstgenannten Kategorie. Die Einheimischen selbst suchten dort Schutz vor den anstürmenden Horden.
Die Höhlenburg Kropfenstein, die wir hier sehen, ist offensichtlich der zweiten Kategorie zuzuordnen. Einer ihrer ersten Besitzer, Otto von Grovenstein, Vasall des Bischofs von Chur, wird in einer Urkunde aus dem Jahre 1228 erwähnt. Die Stätte war wahrscheinlich bis ins 16. Jahrhundert bewohnt und wurde dann aufgegeben. Der ungewöhnliche Charakter der Anlage auf einem schmalen Felsband 350 Meter über dem Hinterrhein rechtfertigt sehr wohl ihren Ruf als uneinnehmbare Feste und kühnste Schöpfung der Feudalzeit auf dem Boden der Schweiz.

*Belfort (GR)*

Beauregard, Belmont, Belfort: trois sites sauvages, trois châteaux inexpugnables tombés en ruines, trois noms surtout qui laissent songeur l'observateur du XXe siècle. Et s'il manque encore à notre nomenclature romane des Beaurivage et des Bellevue, il existe par contre en Suisse alémanique une profusion de Schönegg et de Schauensee pour évoquer à peu près la même idée. Les ruines de châteaux n'éveillent que trop facilement de sinistres résonances, alors que la toponymie féodale est toute faite, dirait-on, pour nous rasséréner! N'est-ce pas le moment de dégager de ces deux positions extrêmes le vrai visage de la féodalité?
Si les ruines de Belfort, par exemple, comptent aujourd'hui parmi les plus imposantes du pays, cela est dû à une suite de transformations absolument imprévisibles au départ. Les nobles qui adoptèrent ce nom de Belfort au XIIe siècle s'étaient contentés de se tailler une petite place au soleil pour surveiller un tronçon de la route de l'Albula. Mais l'Histoire a voulu que leur château – un modeste donjon d'habitation – fût incorporé à un réseau cohérent de forteresses qui ont appartenu successivement aux barons de Vaz au XIIIe siècle, aux comtes de Toggenbourg au XIVe siècle et aux Habsbourg au XVe siècle. Cette étonnante escalade a laissé sa marque sur les murs du château de Belfort, agrandi progressivement vers le bas de la pente à partir du donjon, jusqu'au jour de 1499 où les partisans des Ligues ont presque tout détruit.

*Belfort (GR)*

Beauregard, Belmont, Belfort – drei mittelalterliche Stätten von herber Schönheit, drei einst als uneinnehmbar geltende Burgen, die heute in Trümmern liegen, drei Namen vor allem, die den Betrachter des 20. Jahrhunderts nachdenklich stimmen. In der deutschsprachigen Schweiz wären in diesem Zusammenhang etwa Schönegg und Schauensee zu nennen. Während die Ruinen dieser Burgen nur allzuleicht das Bild des «finsteren Mittelalters» beschwören, klingt aus ihren Namen eine beschauliche Gelassenheit, wie man sie in jener Epoche gar nicht vermutet hätte. Wäre es daher nicht angebracht, die Frage nach dem wahren Gesicht des Feudalismus zu stellen?
Wenn Belfort heute zu den imposantesten Burgruinen der Schweiz gehört, so als Folge einer Reihe durch die Umstände bedingter Umgestaltungen. Die Adelsherren, die sich im 12. Jahrhundert den Namen Belfort zulegten, hatten sich mit einer recht bescheidenen Anlage begnügt, um einen Abschnitt der Albula-Straße zu überwachen. Doch die Geschichte wollte es, daß ihr Sitz – ein schlichter Wohnturm – einem zusammenhängenden Netz von Festungen einverleibt wurde, die im 13. Jahrhundert den Freiherren von Vaz, im 14. Jahrhundert den Grafen von Toggenburg und im 15. Jahrhundert den Habsburgern gehörten. Dieser steile Aufstieg in der Hierarchie des Feudaladels hat auf den Mauern von Belfort deutliche Spuren hinterlassen, wurde die Burg doch in mehreren Etappen vergrößert, bevor sie schließlich 1499 von den Anhängern der Bünde fast völlig zerstört wurde.

*Pfeffingen (BL)*

Agrémentée de prés et de vergers, la pente nord du plateau de Pfeffingen est facilement accessible au promeneur, mais ne lui offre guère une approche digne d'un site à tout point de vue exceptionnel. C'est pourquoi nous avons choisi de survoler la vallée de la Birse par le sud pour voir surgir, déjà de loin, l'une des plus belles visions de ruines féodales que la Suisse nous ait réservées à ce jour.
Centre d'un important fief relevant des évêques de Bâle, Pfeffingen commandait l'une des voies principales conduisant à la ville épiscopale. Mais, avec la mainmise des comtes de Tierstein sur la place au XIII$^{e}$ siècle, la situation fut renversée: pendant les trois derniers siècles du moyen âge, le château constitua une menace permanente pour les prélats dès qu'ils sortaient de leur enceinte urbaine.
Maintes fois consolidé et agrandi avant et après le catastrophique tremblement de terre de 1356, le château de Pfeffingen, qui avait vu passer tant d'armées, finit par s'écrouler, victime de l'incurie des hommes.

*Pfeffingen (BL)*

Der von Wiesen und Obstgärten bedeckte Nordhang des Hügelrückens von Pfeffingen ermöglicht dem Spaziergänger zwar einen angenehmen Aufstieg zur Burgruine, nicht aber den Blick aus einem Winkel, der die Majestät dieser in jeder Hinsicht außergewöhnlichen Stätte gebührend zur Geltung bringen würde. Wir entschlossen uns daher, das Birstal von Süden her zu überfliegen, um schon von weitem eine der schönsten Ruinensilhouetten der Schweiz auftauchen zu sehen.
Mittelpunkt eines bedeutenden Herrschaftsgebiets im Besitz der Bischöfe von Basel, kontrollierte Pfeffingen lange Zeit eine der Hauptstraßen zur Bischofsstadt. Als dann aber im 13. Jahrhundert die Grafen von Thierstein von der Burg Besitz ergriffen, vollzog sich eine radikale Wendung. In den letzten drei Jahrhunderten des Mittelalters bildete Pfeffingen eine ständige Bedrohung für die Prälaten.
Vor und nach dem katastrophalen Erdbeben von 1356 mehrmals konsolidiert und vergrößert, stürzte die Burg, die so viele Heere hatte vorbeiziehen sehen, infolge ungenügenden Unterhalts schließlich ein...

*Alt-Wartburg (AG)*

Ultime image, image fatidique! Comment ne pas évoquer la sépulture, tournée vers le ciel jusqu'à la fin des temps, d'un démiurge sorti des profondeurs de la terre? A lui seul, l'éclairage crépusculaire au sommet de la montagne suffit à métamorphoser les ruines d'Alt-Wartburg en un véritable Walhalla d'après la chute!
Le crépuscule, à vrai dire, planait sur la plupart des dynasties féodales du pays déjà bien avant la fin du moyen âge. Les seigneurs d'Ifenthal qui bâtirent cette place forte peu avant 1200 réussiront pendant les deux siècles suivants à arrondir leurs terres sur les deux versants du Jura, mais ils n'échapperont pas pour autant à leur destin. En quelques décennies, au XV$^{e}$ siècle, se succéderont coup sur coup l'irruption des troupes bernoises dans l'ancien comté d'Argovie, la destruction d'Alt-Wartburg et de Neu-Wartburg sur Olten et l'extinction de la dynastie fondatrice elle-même.
Alt-Wartburg ne se relèvera plus de ses ruines, mais les fouilles et les dégagements pratiqués ces dernières années sur tout le site font revivre d'une manière exemplaire ces «ossements» oubliés par les hommes, enfouis par les siècles. Dans des lieux privilégiés comme celui-ci, le moyen âge, sorti enfin des ténèbres, s'ouvre réellement pour nous à la lumière de l'entendement, à la lumière du jour.

*Alt-Wartburg (AG)*

Das letzte Bild unseres Bandes ist in der Tat von prophetischer Wucht: In der anbrechenden Dämmerung erscheinen uns die Ruinen der Alt-Wartburg auf ihrer einsamen Höhe wie die Grabstätte eines Demiurgs, wie eine Walhalla nach dem Sturz der Götter.
Eigentlich hob für die meisten Feudaldynastien die Götterdämmerung schon lange vor dem Ende des Mittelalters an. Die Herren von Ifenthal, die diese Feste kurz vor 1200 erbauten, vermochten ihren Besitz zwar in den beiden folgenden Jahrhunderten auf beide Jurahänge auszudehnen, aber letztlich erfüllte sich ihr Schicksal doch. Innerhalb weniger Jahrzehnte schlug es mehrmals grausam zu. Der Einfall der bernischen Truppen in den Aargau, die Zerstörung der Alt-Wartburg und der Neu-Wartburg oberhalb Oltens und schließlich das Erlöschen der Dynastie selbst bereiteten im 15. Jahrhundert der ganzen Herrlichkeit ein Ende.
Alt-Wartburg sollte aus den Trümmern nicht wieder erstehen, doch die Archäologen haben hier in den letzten Jahren die «Gebeine» jener entschwundenen Epoche freigelegt und in vorbildlicher Weise zu neuem Leben erweckt. An Orten wie diesem tritt uns das Mittelalter, dem Dunkel entrissen und dem hellen Licht des Tages preisgegeben, in seiner wirklichen Gestalt entgegen.

# Index systématique et alphabétique, carte synoptique
# Sachregister, Ortsverzeichnis, Übersichtskarte

# Index systématique
# Sachregister



# Index alphabétique des localités
# Alphabetisches Ortsverzeichnis

16 Erlach
18 Laufenburg
25 Murten/Morat
26 Olten
27 Zofingen
28 Rheinfelden
29 Solothurn
30 Aarau
33 St-Ursanne
38 Aarberg
39 Le Landeron
43 Boudry
50 Bern-Nydegg
55 Bremgarten
72 Neuchâtel
74 Muttenz
79 Bern
81 Basel
108 Bottmingen
113 Neu Falkenstein
116 Alt Bechburg
119 Pfeffingen
120 Alt Wartburg

22 La Sarraz
34 Cossonay
35 Payerne
44 Fribourg
46 Yverdon
53 Surpierre
54 Wimmis
56 Pont-en-Ogoz
66 Spiez
77 Fribourg
85 Goldswil
96 Champvent
100 Gruyères

15 Aubonne
19 Saillon
20 Saint-Prex
37 Lutry
45 Rolle
69 Sion-Valère
78 Genève
80 Lausanne
87 Genève-Saint-Jean
88 Saxon
95 Aigle
98 Blonay
99 Vufflens
103 Chillon
105 La Tour-de-Peilz

17 Stein am Rhein
21 Maienfeld
36 Beromünster
40 Bischofszell
47 Neunkirch
48 Sursee
49 Mellingen
61 Pfäfers
65 Staufberg
86 Sursee-Zellmoos
93 Lenzburg
94 Vaduz
97 Cham
106 Laufen
109 Hallwil
110 Stansstad
114 Gräpplang

62 Siat
63 Mistail
64 Biasca
70 Hohenrätien
71 Crap Sogn Parcazi
73 Domat/Ems
82 Zernez
104 Morcote
107 Rhäzüns
115 Canova
117 Kropfenstein
118 Belfort

# Table des matières



# Inhaltsverzeichnis

Printed in Switzerland  Imprimé en Suisse  Gedruckt in der Schweiz  Hallwag AG Bern